सीताराम

बंकिमचंद्र चट्टोपाध्याय

प्रभाकर
प्रकाशन

HB ISBN: 978-93-67938-81-2
ISBN: 978-93-67939-45-1
eISBN: 978-93-67934-62-3

प्रकाशक: प्रभाकर प्रकाशन
प्लॉट नं.-63, प्रथम तल, मेन मदर डेयरी रोड
पांडव नगर, ईस्ट दिल्ली-110092
फोन: 011-40395855
व्हाट्स ऐप: +91 9319228272
ई-मेल: booksprabhakar@gmail.com
वेबसाइट: www.prabhakarprakashan.com

प्रथम संस्करण: 2025

सीताराम

बंकिमचंद्र चट्टोपाध्याय

अनुक्रम

प्रथम खण्ड

[1]

बहुत समय पहले पूर्वी बंगाल में 'भूषणा' नाम की एक नगरी थी, जिसे आजकल 'भूषणो' कहते हैं। जिस समय कलकत्ता नामक छोटे-से गाँव के निवासी बाघों के डर से रात को घर के बाहर नहीं निकलते थे, उस समय भूषणा नगरी में एक सेनापति रहता था। सेनापति ही वहाँ का स्थानीय शासक होता था। उसका वेतन आज के गवर्नर से भी ज्यादा होता था।

आज से प्रायः एक सौ अस्सी साल पहले की बात है; एक दिन रात के अन्त में, भूषणा नामक नगरी की एक संकरी गली में एक फकीर राह रोके सो रहा था। फकीर इस तरह लेटा हुआ था कि रास्ता बिलकुल बन्द हो गया था। इसी समय एक पथिक उधर आया। पथिक बहुत जल्दी में था; फकीर को राह रोके सोते हुए देखकर वह गुस्सा हो उठा मगर ठहर गया।

पथिक हिन्दु था और जाति का उत्तर गढ़ी कायस्थ। उसका नाम गंगाराम दास था। गंगाराम बड़ी दुविधा में पड़ा। एक तरफ तो उसकी माँ मृत्युशय्या पर पड़ी है, दुसरी तरफ यहाँ रास्ता बन्द है। वह जल्दी से वैद्यराज को बुलाने जा रहा था।

उस जमाने में मुसलमान फकीरों का बहुत आदर होता था। अकबर बादशाह खुद इस नाम पर विश्वास न रखने वाले एक फकीर की सलाह मानते थे। हिन्द लोग भी इन फकीरों का आदर करते थे। जो उन्हें नहीं मानते थे, वे भी उनसे डरते थे। गंगाराम उस फकीर के ऊपर से लाँघकर जाने का साहस न कर सका बोला—"शाह साहब सलाम! मुझे जरा रास्ता तो दीजिए!"

किन्तु शाह साहब न तो हटें न ही कुछ उत्तर दिया। गंगाराम हाथ जोड़कर बोला—"अल्लाह आपको इस नेकी का फल देगा! मैं मुसीबत में हूँ मुझे जरा जाने दीजिए।"

किन्तु शाह साहब टस-से-मस न हुए. गंगाराम की प्रार्थना बेकार ही चली गई। अन्त में गंगाराम उछलकर उसे लाँघ कर गया। ऊपर से गुजरते समय उसका पैर फकीर से छू गया। लेकिन

यह शैतानी भी फकीर की ही थी। गंगाराम बहुत परेशान था। वह बिना कुछ कहे वैद्यराज को बुलाने चला गया।

गंगाराम वैद्य जी को बुला ले आया। वैद्य ने उसकी माँ को देखा, जिसकी नाड़ी छूटती जा रही थी और आवाज रुक गई थी। दो-चार बार दवा के लिए पुकार कर अन्त में उसे तुलसी के नीचे लेटा दिया गया। तुलसी के नीचे भगवान का स्मरण करते हुए वह परलोक सिधार गई। माता का दाह-संस्कार करने के लिए गंगाराम अपने पड़ोसियों को बुलाने गया। चार-पाँच व्यक्तियों ने मिलकर उसकी माता का दाह-संस्कार किया।

जब दाह-संस्कार करके गंगाराम अपनी बहन तथा पड़ोसियों के साथ घर लौट रहा था, उसी समय हथियारों से लैस दो सिपाहियों ने गंगाराम को पकड़ लिया। सिपाही जाति से डोम थे; उनके स्पर्श से गंगाराम बहुत दुःखी हुआ। उसने डरते हुए देखा कि सिपाहियों के साथ वही शाह साहब आये थे। गंगाराम ने पूछा—"मुझे क्यों पकड़ रहे हो? कहाँ ले जा रहे हो मुझे? मैंने क्या किया है?"

शाह साहब बोले "काफिर! बदतमीज! चल!"

'चल' कहकर धक्का देते हुए सिपाही गंगाराम को लेकर चल पड़े।

फिर एक सिपाही ने गंगाराम को धक्का मारकर गिरा दिया, दूसरा उसे मारकर उठाने लगा। एक सिपाही उसे बाँधने लगाः दूसरा उसकी बहन को पकड़ने के लिए लपका, वह जान बचाकर भागी। गंगाराम के साथ जो पड़ोसी थे, उनमें कौन कहाँ चला गया, कुछ पता ही नहीं चला। सिपाही गंगाराम को मारते-पीटते काजी के पास ले गए। फकीर भी अपनी दाढ़ी खुजलाता हुआ, हिन्दुओं की दुष्टता के बारे में अरबी-फारसी के क्लिष्ट शब्दों में सैकड़ों गालियाँ देता हुआ उनके साथ गया।

गंगाराम को काजी के सामने पेश किया गया। उसका विचार शुरू हुआ। फरियाद करने वाले शाह साहब, गवाह भी शाह साहब और फैसला करने वाले भी शाह साहब ही थे। काजी ने उनके लिए आसन छोड़ दिया। फकीर की सारी बातें सुनने के बाद काजी ने अपनी कुरान, अपने चश्मे तथा शाह साहब की लम्बी दाढ़ी का लिहाज करते हुए, गंगाराम को कब्र में जीते जी दबा देने की आज्ञा दी। जिसने भी यह सुनी, सभी काँप उठे। गंगाराम ने मन में कहा जो होना था, वह तो हो चुका। फिर अपने मन का बोझ क्यों न उतार लूँ?

यह सोचने के साथ ही गंगाराम ने शाह साहब के मुँह पर एक लात मार दी। 'तोबा-तोबा' कहते हुए शाह साहब जमीन पर गिर पड़े। उनके दो-चार दाँत जो मुँह में बचे हुए थे, वे भी बाहर निकल पड़े। इस बीच में सिपाहियों ने दौड़कर गंगाराम को पकड़ लिया और काजी की

आज्ञानुसार उसके हाथ-पैरों में हथकड़ी-बेड़ियाँ डाल दी, फिर बेकार-बेकार गालियाँ देते हुए और उसको मारते हुए कारागार में ले गए। शाम हो चुकी थी, इसलिए उस दिन कुछ न हुआ। दूसरे दिन उसको जीवित ही दबा दिया जाएगा।

[2]

वहाँ भी यह खबर पहुँची जहाँ पेड़ के नीचे गंगाराम की बहन बैठी रो रही थी। बहन ने जब यह सुना कि कल उसके भाई को जीवित ही जमीन में गाड़ दिया जाएगा, तो वह उठ बैठी। उसने आँसू पोंछकर कमर में साड़ी कसकर बाँध ली।

गंगाराम की बहन सिर्फ पच्चीस वर्ष की थी, पर अपने भाई से छोटी थी। परिवार में गंगाराम, उसकी माँ और बहन के अलावा कोई न था। माँ के बीमार रहने के कारण घर का सारा कामकाज श्री करती थी। वह थी तो सधवा, किन्तु बदकिस्मती के कारण पति के सहवास से वंचित थी।

घर में शालिग्राम की एक बिटिया थी, जिसे श्री और उसकी माँ साक्षात् नारायण मानती थीं और प्रतिदिन उसकी पूजा करती थी। आज श्री ने जूड़ा बाँधा और शालिग्राम के मूर्ति के सामने खड़े होकर मन-ही-मन लाखों बार प्रणाम किया और हाथ जोड़कर प्रार्थना की "हे नारायण! हे दीनदयाल! हे करुणा-निधान! मैं आज जो काम करने जा रही हूँ, उसमें तुम मेरा साथ देना! मैं स्त्री होने के कारण अत्यन्त पापिन हूँ, मेरे करने से क्या होगा! तुम ही मेरी रक्षा करना भगवान!"

ऐसा कहकर श्री घर से चल दी। पाँचकौड़ी की बुढ़िया माँ उसकी पड़ोसिन थी। इस पड़ोसिन के साथ श्री की माँ का बहुत स्नेह था; कई काम भी उनके कर दिया करती थी। इस समय भी श्री उसी के पास गई और उसके कान में चुपके से कुछ कहा। इसके बाद दोनों' राजपथ से निकलकर अँधेरे में गलियाँ पार करती हुई पैदल चलने लगीं। उन दिनों नगरों में पक्के घर ज्यादा नहीं होते थे; किन्तु भूषणा नगरी में अधिकतर घर पक्के ही थे, बीच में कुछ गगनचुम्बी अट्टालिकाएँ भी थीं। एक बड़ी इमारत के सामने जाकर दोनों रुकीं। घर के सामने एक पक्की बावड़ी थी, जिसके घाट पर कई द्वारपाल बैठे थे। कोई भंग घोट रहा था, तो कोई टप्पा गा रहा था। कोई अपने गाँव की चर्चा कर रहा था। उनमें से एक को पुकारकर पाँचकौड़ी की माँ ने कहा "पांडे महाराज! भंडारी को जरा बुला दो!"

द्वारपाल बोला—"हम पांडे नहीं, मिसिर है!"

पाँचकौड़ी की माँ—यह तो मैं नहीं जानती, बेटा! पांडे कैसा ब्राह्मण होता है? मिसिर जैसा ही तो होता है!"

तब मिसिर खुश होकर बोला "तुम्हें भंडारी से क्या काम है?"

पाँचकौड़ी की माँ—"हमारे घर में सब्जी के लिए बहुत-सी लौकी कुम्हड़ा पैदा हुआ है। उनसे कहूँगी कि कल आकर उन्हें तोड़ ले जाएँ!"

द्वारपाल— "अच्छा, मैं कह दूँगा। तुम घर जाओ!"

पाँचकौड़ी की माँ—"महाराज, तुम क्या कहोगे! वह ऐसे कैसे जानेगा कि तरकारी कहाँ से लानी है?"

द्वारपाल—"अच्छा, अपना नाम बता दो!"

पाँचकौड़ी की माँ—"जा अभागे बेटे! मैं तो तुम्हें भी एक लौकी देती, पर वह तुम्हारे में कहाँ!"

तब मिसिर महाराज पीलू राग में गुनगुनाते हुए ड्योढ़ी के भीतर गये और भंडारी को सूचना दी कि एक तरकारी वाली आई है मुझे और तुम्हे कुछ मिलने की आशा है। जल्दी आओ।

जीवन भंडारी अधेड़ था। उसकी कमर में चाभियों का गुच्छा लटक रहा था। वह था तो रूखे स्वभाव का, पर कुछ मिलने की आशा से जल्दी ही आ गया। देखा आकर कि दो स्त्रियाँ खड़ी है।

उसने पूछा—"किसने मुझे बुलाया है?"

पाँचकौड़ी की माँ बोली—"हमारे घर कुछ तरकारी हुई है यही कहने आई हूँ। कुछ मिसिर महाराज को दे देना, कुछ भीतर मालिक के पास पहुँचा देना!"

जीवन भंडारी—"तुम्हारा घर कहाँ है, बताती जाओ! मैं कल आऊँगा।"

पाँचकौड़ी की माँ—"यह एक दुखिया लड़की है। जरा इसकी भी फरियाद सुन लो!"

श्री लंबा घूँघट निकालकर दीवार से लगी खड़ी थी।

जीवन भंडारी उसकी ओर देखकर रूखे स्वर से बोला यह भीख-वीख की बात मैं दरबार में न कह पाऊँगा!"

पाँचकौड़ी की माँ—तब याचना-भरे स्वर में भंडारी से बोली "जो भीख में मिलेगा, उसमें से आधा तुम्हारा!"

भंडारी तब प्रसन्न होकर बोला—"भिक्षा के लिये तो हमारे सरकार का द्वार हमेशा खुला रहना है।"

श्री ने भिक्षा का मतलब बताया तो भंडारी उसे मालिक के पास ले जाने के लिए मजबूर हो गया।

श्री को अंदर पहुँचाकर भंडारी अपने मालिक की आज्ञा पाकर वहाँ से हट गया।

श्री दरवाजे पर खड़ी हो गई। वह घूँघट निकाले खड़ी काँप रही थी।

मालिक ने पूछा—"तुम कौन हो?"

श्री बोली—मेरा नाम श्री है।"

सीताराम—"श्री? क्या तुम मुझे पहचानती नहीं? और बिना पहचाने मेरे पास आई हो? मैं सीताराम राय हूँ।"

तब श्री ने अपने मुख से घूँघट उठा दिया। सीताराम ने देखा, आँसुओ से भीगा हुआ उसका चेहरा अति सुन्दर था। वह बोला "श्री, तुम तो बहुत सुन्दर हो!"

श्री रोते हुए बोली—"मैं बहुत दुःखी हूँ, तुम्हारे व्यंग के योग्य नहीं हूँ।"

सीताराम बोले—"इतने दिनों बाद आई हो, फिर भी रोती क्यों हो?"

श्री तब भी रोती रही, कुछ बोल नहीं सकी।

सीताराम बोले—"पास आओ!"

श्री बहुत मीठे स्वर में बोली—"मैं आपका बिस्तर नहीं छुऊँगी। मैं सूतक में हूँ।"

सीताराम—"वह कैसे?"

रुधे हुए गले से श्री बोली—"आज मेरी माँ मर गई है।"

सीताराम—"तो"

सीताराम—"तो इसी कारण मेरे पास आई हो?"

श्री—"नहीं, अपनी माँ का क्रियाकर्म तो मैं खुद ही करूँगी उसके लिए तुम्हें कष्ट न दूँगी। मगर आज मेरे ऊपर एक भारी संकट आ पड़ा है।

सीताराम—"कौन-सी विपत्ति आ पड़ी है?"

श्री—"मेरा भाई आज मरने जा रहा है वह इस समय जेल में है। काजी ने उसे जीवित ही जमीन में गाड़ने का हुक्म दिया है।

सीताराम—"माँ क्या उसने क्या किया था।"

तब श्री ने जो कुछ देखा और सुना था, शुरू से अन्त तक सब रो-रोकर सुना दिया। दुःख-भरी आवाज में सीताराम बोले "अब क्या उपाय है?"

श्री—"इसका उपाय तुम ही कर सकते हो। तभी तो इतने दिनों बाद आई हैं।".

सीताराम—"मैं क्या कर सकता हूँ?"

श्री—तुम नहीं करोगे तो कौन करेगा! मैं जानती हूँ, तुम बहुत कुछ कर सकते हो।"

सीताराम—"यह काजी दिल्ली के बादशाह का नौकर है। बादशाह से टक्कर लेने की हिम्मत किसमें है?"

श्री—"तब क्या कोई और उपाय नहीं है?"

सीताराम बहुत कुछ विचारकर बोले "उपाय तो है, तुम्हारे भाई को बचाने का। लेकिन मैं मारा जाऊँगा।"

श्री—"देखो, तुम एक दीन-दु:खी को बचा लोगे तो कुछ बिगड़ेगा नहीं! एक हिन्दू की रक्षा हिन्दू न करेगा तो कौन करेगा?"

सीताराम बोले—"मैं तुम्हें वचन देता हूँ कि किसी भी कीमत पर तुम्हारे भाई को बचाऊँगा!"

तब मन-ही-मन प्रसन्न होकर, घूँघट निकालकर श्री वहाँ से चल दी।

सीताराम ने दरवाजे की साँकल भीतर से चढ़ाकर नौकर से कहा कि उसे कोई न बुलाए। उनके मन में श्री का ध्यान आया श्री ऐसी सुंदरी है, यह तो मैं नहीं जानता था! सब कुछ छोड़कर श्री का काम पहले करूँगा। फिर सोचा हिन्दू की रक्षा हिन्दू न करेगा तो कौन करेगा!..

[3]

सीताराम के एक अध्यापक ब्राह्मण थे, जो पुरोहित के समान थे। वे रेशमी धोती पहनते और रामनामी चादर ओढ़ते थे। केवल एक लम्बी चोटी सिर पर थी। केशों के अभाव में चंदन का प्रयोग अधिक करते थे। खूब लम्बा-चौड़ा, डील-डौल और आकृति से पूरे ब्राह्मण देवता लगते थे। उनका नाम था चन्द्रचूड़ तर्कालंकार। वे सीताराम पर बहुत स्नेह रखते थे। जहाँ सीताराम जाकर रहते, चन्द्रचूड़ भी वहीं जाकर रहने लगते। आजकल वे 'भूषणा' में ही रह रहे थे। चन्द्रचूड़ भी उसी श्रेणी के व्यक्ति थे।

जैसे आजकल कई अध्यापक व्याकरण तथा साहित्य पढ़ाने में निपुण होने के साथ-साथ अशासित ताल्लुके में दंगा कराने में भी कुशल होते हैं।

कुछ समय पश्चात कोठी से निकलकर सीतारम अपने गुरुदेव के पास पहुँचे। चन्द्रचूड़ से एकान्त में सीताराम की अनेक बाते हुईं अन्त में चन्द्रचूड़ तथा सीताराम ने उसी रात को घर से निकलकर शहर के अनेक लोगों से भेंट की। रात के अन्त में सीताराम ने वापस आकर अपने परिवार को अपने एक विश्वासपात्र नौकर के साथ मधुमती नदी के उस पार भेज दिया।

[4]

गंगाराम को जीवित दफनाने के लिए बहुत बड़े मैदान में कब्र तैयार की गई। कैदी को लाने से पहले ही लोग वहाँ एकत्र होने लगे और बहुत सबेरे ही मैदान लोगों से ठसाठस भर गया। बहुत संख्या में लोग जीवित मनुष्य की कब्र देखने को इकट्ठे हो गए एक मनुष्य का मरना मानो

अन्य जीवितों के लिए एक पर्व के समान हो गया। सूर्य निकलने तक मैदान में तिल रखने को भी स्थान नहीं बचा; फिर भी लोग गली-कूचों' से चीटियों के समान रेंगते चले आ रहे थे। आखिर जब बिलकुल जगह न मिली, तो लोगों ने वृक्षों के ऊपर बन्दरों के समान चढ़ना शुरू किया और कच्चे मकानों की छतों पर भी सीढ़ी लगाकर चढ़ गए। कुछ लोग चमगादड़ों की तरह वृक्ष पर लटके हुए, मानो सूर्य देवता को चिढ़ा रहे थे। हजारों दर्शक कैदी को देखने के लिए व्याकुल हो रहे थे। कोई कहता, 'हरि बोल' कोई 'अल्लाह' का नाम लेता। इसी बात को लेकर लोगों में मारपीट भी शुरू हो गई थी। केवल एक वृक्ष के नीचे पूर्ण रूप से शांति थी। समुद्र के बीच मानों उस टापू पर दो-चार व्यक्ति ही थे, वे भी चुपचाप खड़े थे। किसी और के वहाँ आने पर वे उसे वहाँ से भगा देते थे। हट्टे-कट्टे जवान और उनके हाथ में लाठी देखकर लोग चुपचाप वहाँ से चल देते थे। उसी वृक्ष की जड़ पर एक स्त्री तने का सहारा लिये खड़ी थी। वह कुछ अस्त-व्यस्त-सी थी, मानो सारी रात रोती रही हो। वृक्ष पर चढ़े आदमी से वह कह रही थी "महाराज, अभी तक कुछ दिखाई नहीं दिया?"

उस व्यक्ति ने उत्तर दिया "नहीं।"

"तब लगता है, भगवान ने उसकी रक्षा की है!"

पाठक जान गए होंगे कि वह स्त्री श्री है और वृक्ष पर चन्द्रचूड़ तर्कालंकार बैठे हैं। श्री की बात पर वे बोले—"भगवान अवश्य ही रक्षा करेंगे, मुझे भरोसा है! तुम चिन्ता न करो। अभी रक्षा का पूरा भरोसा तो नहीं है। वह देखो, लाल पगड़ी वाले आते दिखाई दे रहे हैं।

श्री—"लाल पगड़ी कैसी?"

चन्द्रचूड़—"फौजदार के सिपाही लगते हैं।"

फौजदार के दो सौ सिपाही गंगाराम को घेरे चले आ रहे थे। यह देख असंख्य जनता एकबारगी हैरान रह गई। चन्द्रचूड़ अपनी आँखों से सब देखकर श्री को बताते जा रहे थे। श्री ने पूछा—"कितने सिपाही हैं?"

चन्द्रचूड़—"दो सौ होंगे!"

श्री—"हम लोग तो दु:खी और नि:सहाय हैं। हमे मारने के लिए इतने आदमियों की क्या जरुरत है?

चन्द्रचूड़—"बहुत सारी जनता के इकट्ठे होने की बात सुनकर ही शायद फौजदार ने सतर्क होकर इतने आदमी भेजे हैं।"

श्री—"अब क्या हो रहा है?"

चन्द्रचूड़—"सिपाही कब्र के पास लाइन में खड़े हो गए हैं। गंगाराम कक्ष में खड़ा है। काजी तथा फकीर पीछे खड़े हैं।

श्री—"दादा क्या कर रहे हैं?"

चन्द्रचूड़—"पापियों ने उसके हाथ-पाँव में बेड़ी डाल रखी है।"

श्री—"क्या वे रो नहीं रहे हैं?"

चन्द्रचूड़—"नहीं, वे शान्त मन से, सुन्दर मूर्ति-समान खड़े हैं।"

श्री—"क्या मैं उन्हें देख नहीं सकती? बहुत इच्छा है!"

चन्द्रचूड़—"देख सकती हो। इस नीचे वाली डाल पर चढ़ जाओ, स्पष्ट देख सकोगी।"

श्री—"मैं स्त्री हूँ, वृक्ष पर कैसे चढूँ?"

चन्द्रचूड़—"लज्जा का अब क्या काम है?"

जड़ से दो हाथ ऊँचाई पर एक डाल थी; चन्द्रचूड़ ने उसी पर श्री को चढ़ने को कहा। श्री ने चढ़ने का प्रयत्न किया। एक-दो बार कोशिश करने पर भी वह चढ़ न सकी और रोने लगी। इसी बीच न जाने कहाँ से उसमें हिम्मत आ गई कि आखिर वह चढ़ गई।

इससे बड़ा संकट उत्पन्न हो गया। जहाँ श्री खड़ी थी, वहाँ पत्तों की ओट न थी। सारी जनता उसी की ओर देखने लगी। उसका समस्त शरीर, मुंड के अलावा, पत्तों से ढँका था। अत: उसके सुन्दर मुख के अलावा और कुछ दिखाई न दे रहा था। कोई न जान सकता था कि वह देवी-मूर्ति किसके सहारे खड़ी है। सारी जनता उत्सुक नजरों से उसको देख रही थी।

श्री यह सब कुछ न जान सकी। अपनी हालत की ओर उसका ध्यान ही न था; वह तो एकटक गंगाराम को देखे जा रही थी। आँखों से उसकी आँसुओं की नदी उमड़ रही थी। सहसा चन्द्रचूड़ बोल उठे "देखो, घोड़े पर वह कौन आ रहा है?"

श्री ने देखा, घोड़े पर एक योद्धा, लेकिन खाली हाथ उड़ा चला आ रहा था। घोड़ा बड़ी तेजी में है. पर भीड़ को चीरकर निकल नहीं पा रहा है। श्री ने पहचाना, घोड़े पर राजा सीताराम राय बैठे हैं।

इधर सिपाही गंगाराम को कब्र में उतार रहे थे। तभी सीताराम ने दोनों हाथ उठाकर उन्हें मना किया। सिपाही ठहर गए। शाह साहब बोले "देखते क्या हो? काफिर को दफना दो!"

काजी का ध्यान उधर गया। इस समय काजी के वहाँ आने की कोई जरूरत नहीं थी; पर अधिक भीड़ इकट्ठा होने की बात सुनकर ही वह वहाँ पहुँचे थे। इस समय वही मालिक थे। वे बोले—"सीताराम रोक रहे है, जरूर कुछ बात है। तब तक रुको!

शाह साहब नाराज हो गए पर सिपाही उनके आने तक रुके ही रहे। गंगाराम के मन में आशा की किरण जागी।

सीताराम काजी के पास पहुँचे। घोड़े से उतरकर शाह साहब और काजी को सलाम किया। काजी ने पूछा—"कैसा मिजाज है?"

सीताराम—"अलहम्दुलिल्लाह! आपका हाल पूछना ही इस नाचीज़ की खुशकिस्मती है।"

काजी—खुदा को यही मंजूर है! दौलतखाने में सब खैरियत तो है न?

सीताराम—"आपकी दया से वहाँ सब कुछ ठीक है।"

काजी—"इस समय यहाँ कैसे आये?"

सीताराम—"गंगाराम बदबख्त, बदतमीज जो भी हो, मेरा स्वजाति बंधु है। उसकी जान बक्श दीजिए, यही मेरी प्रार्थना है!"

काजी—"यह कैसे हो सकता है?"

सीताराम—"मेहरबान सब कुछ कर सकते हैं।"

काजी—"खुदा मालिक है! मैं कुछ नहीं कर सकता।"

सीताराम—"हजार अशर्फियाँ ज़ुर्माना दूँगा। इसकी जान बख्श दीजिए!"

काजी ने फकीर की ओर देखा उसने मना कर दिया। काजी बोला काफिर को दफना दो! "यह न हो सकेगा।

सीताराम—"दो हजार अशर्फियाँ दूँगा। मुझ पर दया करो!"

काजी ने फकीर की ओर देखा उसने फिर इन्कार कर दिया। बात खत्म हो गई। अन्त में सीताराम ने चार हजार अशर्फियों की बात कही, फिर पाँच हजार, यहाँ तक कि आठ हजार तक पहुँच गया। सीताराम के पास अब और धन न था। वह घुटने टेककर बहुत दुःख भरी आवाज में बोला—"मेरे पास और ज्यादा नहीं है। जो कुछ बाकी रह गया है जमीन-जायदाद, वह भी—"सर्वस्व छोड़कर इसका जीवन-दान माँगता हूँ।"

काजी—"इसका तुमसे क्या सम्बन्ध है, जो तुम इतनी कुर्बानी कर रहे हो?"

सीताराम—"यह मेरा कुछ भी हो! मैंने इसका प्राण बचाने का वायदा किया है। सब कुछ देकर भी मैं इसकी जान बचाऊँगा यही हमारा हिन्दू-धर्म कहता है।"

काजी—"हिन्दू-धर्म से इस्लाम बड़ा है। जिसने फकीर को बेइज्जत किया है, उसके लिए केवल एक सजा मौत ही उपयुक्त है!"

सीताराम ने घुटने टेक दिये और काजी के अंगरखे का किनारा पकड़कर कातर स्वर में बोला—"मेरा प्राण ले लो क्या तब भी इसका प्रायश्चित न हो सकेगा? मुझे कब्र में डाल दीजिए, काजी साहब! मैं 'हरिनाम' स्मरण करता हुआ बैकुण्ठ चला जाऊँगा। जो तुम्हारा अल्लाह है, वही हमारा ईश्वर है। उसी की दुहाई है कि मेरे प्राण लेकर उसे छोड़ दीजिए!"

आसपास के लोग इस बात को सुनाकर 'हरि-हरि' बोल उठे काजी साहब, गरीब को छोड़ दो!" 'सीताराम महाराज की जय!'

जो लोग न भी सुन सके थे, वहाँ भी 'हरिबोल' का शोर मचने लगा। बहुत उपद्रव शुरू हो गया।

काजी ने हैरानी से पूछा—"राय साहब! यह क्या कर रहे है? यह आपका कौन है, जिसके लिए प्राण दे रहे हो?"

सीताराम—"यह मेरे लिए अपने भाई तथा बेटे से भी बढ़कर है, क्योंकि मेरी शरण में आया है। हिन्दू शास्त्रों का नियम है कि अपनी जान देकर शराणागत की रक्षा करो। राजा उशीनर ने अपना माँस देकर कबूतर की रक्षा की थी। सो मुझे कब्र में डालकर, इसे छोड़ दीजिए!"

काजी साहब सीताराम पर खुश होकर शाह साहब को एकान्त में ले जाकर कहने लगे—"यह दस हजार अशर्फियाँ देगा। ले लेने से सरकारी खजाना बढ़ेगा। दस हजार लेकर इसे क्यों न छोड़ दिया जाए?"

शाह साहब—"मेरी इच्छा तो है, दोनों को एक ही कन्न में गाड़ दिया जाए। आप क्या कहते है?"

काजी—"ऐसा न होगा! सीताराम ने कोई कसूर नहीं किया है। वह बहुत शरीफ और इज्जतदार है।"

अब तक गंगाराम कुछ न बोला था। वह जानता था कि मामला ठीक नहीं है। किन्तु शाह साहब तथा काजी की गुप्त बातें देखकर हाथ जोड़कर बोला "आपकी क्या मर्जी—है, मैं नहीं जानता लेकिन इतना कहता हूँ कि एक की जान के बदले दूसरे की जान लेना कहाँ का न्याय है? सीताराम के प्राण लेकर मुझे प्राणवान मिले, मैं ऐसा न होने दूँगा–इसी हथकड़ी से सिर फोड़कर मर जाऊँगा।

उसी समय किसी ने भीड़ में से कहा—हथकड़ी मारकर ही मर जा! मुसलमान के हाथ से तो बचेगा।"

कहने वाले चन्द्रचूड़ पुरोहित थे, जो अब वृक्ष पर न थे। एक जमादार ने यह सुनकर कहा—पकड़ो इसे! लेकिन चन्द्रचूड़ को पकड़ना आसान न था। उधर हथकड़ी मारकर मरने की बात

सुनकर फकीर को डर हुआ कि कहीं काफिर को गाड़ने के पुण्य से रह न जाऊँ। अतः शाह साहब बोले—"अब इसकी हथकड़ी खुलवा दो; इसकी कोई जरूरत नहीं है।"

काजी के हुक्म से लुहार ने सीताराम के हाथ आजाद कर दिए। अब लुहार का वहाँ कोई काम न था; किन्तु सरकारी बेड़ी पर उसकी जिम्मेवारी थी, इसलिए वह साथ आया था। पर दरअसल पिछली रात को लुहार ने चन्द्रचूड़ से कुछ रुपये लिये थे। तब फकीर बोला—अब देर कैसी? इसे दबा दो!"

तभी लुहार बोला—"आजकल बढ़िया लोहा कहाँ मिलता है। वैसे भी अच्छी बेड़ियों की कमी है, इसलिए इसके पाँव की बेड़ी भी कटवा दो।"

यह सुनकर काजी ने बेड़ी निकालने को कहा। बेड़ी खोल दी गई।

आजाद होकर गंगाराम ने इधर-उधर देखा, फिर सबको हैरानी में डाल दिया। पास में सीताराम चाबुक लिये, घोड़े के पास खड़ा था। उसने अचानाक सीताराम से चाबुक छीनकर घोड़े की पीठ पर छलांग मारी और एड़ लगाई। घोड़ा भड़ककर नौ-दो ग्यारह हो गया। पलक झपकते ही यह सब हो गया। सिपाही 'पकड़ो-पकड़ो' कहकर पीछा करने लगे। किन्तु तेज घोड़ी के सामने से लोग डर के मारे भागने लगे। रास्ता बिलकुल जाम हो गया।

उसी समय भीड़ में से निकलकर कितने ही सशस्त्र यम के समान योद्धाओं ने सिपाहियों का मार्ग रोक लिया। तब सिपाही भी और आ गए। यह देखकर ढाल तलवार बाँधे अगणित हिन्दुओं ने आकर उन्हें घेर लिया। और दोनों में लड़ाई शुरू हो गयी।

यह उपद्रव देखकर काजी ने आँखें लाल करते हुए सीताराम से पूछा "यह सब क्या हो रहा है?"

सीताराम—"मैं तो स्वयं नहीं जानता।"

काजी—"तुम नहीं जानते? ये सब तुम्हारी ही वजह से हुआ है।"

सीताराम—"ऐसा होता तो मैं निःशस्त्र, मौत की भीख माँगने क्यों आता?"

काजी—"मैं तुम्हारी वह अर्ज मानता हूँ। इस कब्र में तुम्हें ही गाड़ूँगा।"

यह कहकर काजी ने लुहार को सीताराम के हाथ में हथकड़ी डालने का हुक्म दिया। लुहार ने सीताराम को पकड़ा। वृक्ष पर से वनदेवी श्री यह सब देख रही थी।

इधर गंगाराम बड़ी मुश्किल से घोड़े पर चढ़कर पार हुआ क्योंकि जनता के शोर से घोड़ा भड़क चुका था और गंगाराम इतना कुशल नहीं था, इसलिए वह आँख उठाकर कुछ देख भी न सकता था केवल घोड़े को संभालता और 'मारो-मारो' का शोर सुनता रहा।

भीड़ में से निकलकर गंगाराम घोड़ा छोड़कर वृक्ष पर चढ़ गया, यह देखने के लिए कि क्या हो रहा है। उसने देखा—जनता दो भागों में बंट गई है और खूब दंगा हो रहा है। 'जय चंडिके' 'माँ चं'ही' का घोष हो रहा है। गंगाराम ने देखा कि महामहिमामयी श्यामल पल्लव-राशि से सजी चण्डी-मूर्ति, जो वो शाखाओं पर चरण रखें औ बाएँ हाथ से टहनी पकड़े 'शत्रुओं को मारी' आँचल हिलाकर कह रही है। उसके खुले बाल वायु में हिल रहे है। उसका सम्पूर्ण शरीर भी झूल रहा है, मानों दुर्गा माता सिंह की पीठ पर खड़ी रणभूमि में नांच रहीं हो।

श्री को अब लज्जा, भय और आराम न था। केवल एक ही धुन थी मानवता के शत्रुओं को मारो! ऊपर उठी हुई उसकी भुजा कैसी भली लग रही थी देवताओं के शत्रुओं, हिलते हुए अधर फड़कती हुई नासिका, बिजली-सा कटाक्ष, पसीने से पूर्ण ललाट और उस पर चिपके हुए बाल! समस्त हिंदू उसी चण्डी-मूर्ति को निहार रहे थे। गंगाराम ने पहले उसे चण्डी ही समझा। बाद में पहचाना कि यह तो बहन श्री है!

इसी चण्डी के आगमन से हिन्दू विजयी हुए। मुसलमान उनके सामने टिक न सके। गंगाराम ने देखा, लोगों ने सीताराम को कन्धे पर उठा लिया और एक व्यक्ति नंगी तलवार की नोक पर शाह साहब का कटा हुआ सिर बाँधकर ऊँचा किये जा रहा है। यह देख श्री मूर्छित होकर गिर पड़ी। कुछ देर बाद गंगाराम भी उसी वृक्ष के नीचे आ गया।

[5]

उसी समय पता चला कि तोप व बन्दूकों से लदी सेना उपद्रवी लोगों का दमन करने के लिए आ रही है। पल-भर में ही जवानों का दल गायब हो गया। बाकी नि:सहाय जनता घर की ओर भागने लगी। और जिनका इससे कोई सम्बन्ध न था, वे गंगाराम तथा सीताराम को कोसते हुए लौटने लगे। कुछ मिनटों में ही ठसाठस भरा मैदान खाली हो गया। उस वृक्ष के नीचे केवल चन्द्रचूड़, सीताराम, गंगाराम तथा मूर्च्छित श्री पड़ी थी।

सीताराम, गंगाराम से बोला "तुम जिस घोड़े को ले भागे थे, वह कहाँ है? क्या बेच खाया है?"

गंगाराम हँसकर बोला "नहीं तो! वह मैदान में होगा। अभी पकड़ लाता हूँ।"

सीताराम—"उसे पकड़कर, उसी पर चढ़कर भाग जाओ!"

गंगाराम—"तुम्हें अकेला छोड़कर

सीताराम—"अपनी बहन की चिन्ता न करो।"

गंगाराम—"आपको छोड़कर मैं न जाऊँगा।"

सीताराम—"श्यामपुर जानते हो? नदी पार चले जाओ"

गंगाराम—"जानता हूँ।"

सीताराम—"जल्दी वहाँ चले जाओ! वहीं मैं तुमसे मिलूँगा।"

गंगाराम—"मैं अकेला न जा सकूँगा।"

सीताराम ने भौहें तानी। गंगाराम उसका क्रोध देखकर हैरान हो गया और घोड़े को ढूँढ़ने लगा।

चन्द्रचूड़, सीताराम का इशारा पाकर गंगाराम के पीछे चले गए। श्री इधर होश में आकर घूँघट काढ़कर उठ बैठी, इसके बाद इधर-उधर देखकर उठ खड़ी हुई।

[6]

सीताराम—"श्री, अब तुम कहाँ जाओगी?"

श्री—"मेरा कौन ठिकाना है!"

सीताराम—"क्यों, अपनी माता के घर?"

श्री— वहाँ कौन है जो इस समय मेरी रक्षा करेगा!

सीताराम—"तब कहाँ जाने की इच्छा है?"

श्री—"कहीं भी नहीं!"

सीताराम—यहीं मैदान में पड़ी रहोगी? यहाँ तुम्हारी रक्षा कौन करेगा?"

श्री—"मेरा कोई क्या करेगा?"

सीताराम—"तुम इस लड़ाई में थी, तुम्हें फौजदार दण्ड दे सकता है।"

श्री—"अच्छा तो है!"

सीताराम—"मैं श्यामपुर जा रहा हूँ। तुम्हारा भाई भी वहीं जाएगा; शायद वहीं बस जाए। तुम भी वहीं चलो! फिर वहाँ रहना या न रहना, तुम्हारी इच्छा।"

श्री—"वहाँ मैं किसके साथ जाऊँगी?"

सीताराम—"मैं कोई आदमी तुम्हारे साथ भेज दूँगा।"

श्री—"ऐसा कौन है जो सिपाहियों से मुझे बचाएगा?"

सीताराम कुछ देर चुप रहकर बोला—"चलो, मैं ही ले चलूँ!"

श्री सहसा उठ बैठी। वह सीताराम की ओर अपलक नेत्रों से देखने लगी। फिर बोली 'इतने दिनो बाद इतनी कृपा कैसे!"

सीताराम—"यह समझाना बहुत मुश्किल है। न समझो, तो ही अच्छा है!"

श्री—"बिना समझे तुम्हारे साथ क्यों जाऊँ? जब तुमने त्याग ही दिया, तो तुम्हारे साथ जाऊँ भी क्यों? केवल इसलिए कि तुम दया करके आज प्राण-रक्षा के लिए मेरे साथ चले जाओगे? मैं तुम्हारी विवाहिता स्त्री हूँ, तुम्हारे सर्वस्व पर मेरा अधिकार है; फिर मैं आपकी दया क्यों लूँ? जिसको और कोई अधिकार न हो, वही दया चाहता है। नही, मेरे स्वामी, तुम जाओ! मैं न जा पाऊँगी। इतना समय तुम्हारे बिना रही, अब भी रह लूँगी।

सीताराम—"चलो, मैं सब कुछ समझा देता हूँ।"

श्री—"क्या समझा दोगे? मैं सबके सामने तुम्हारी पत्नी बनी हूँ। तुम्हारी दो स्त्रियाँ भी हैं। पर मैं भी सहधर्मिणी हूँ, जातिभ्रष्ट या कुलटा नहीं। फिर भी बिना कारण तुमने मेरा परित्याग कर दिया। मैं आप के पाप के बारे में सोचती हूँ कि कैसे किसी तरह अपने प्राण देकर तुम्हें इस पाप से छुट्टी दिलाऊँ!"

सीताराम—"सुनो! मैं तुम्हें सब बताऊँगा। पर वायदा करो कि जान लेने पर मुझे छोड़कर न जाओगी!"

श्री—"मैं तुम्हारा परित्याग करूँगी?"

सीताराम—"हाँ, पहले वायदा करो!"

श्री—"ऐसी क्या बात है कि बिना जाने वादा करूँ?"

सीताराम—"देखो, सिपाहियों की बंदूकों की आवाज पास आ रही है। इस समय भी चलो तो नगर से बाहर निकल जाएँ। थोड़ी देर और हो जाने पर जान से हाथ धोना पड़ेगा।

तब श्री उठकर सीताराम के साथ चल दी।

[7]

सीताराम निडर भाव से शहर पार कर नदी तट पर पहुँच गए। थोड़ी देर में अँधेरा हो गया। रात हो चुकी थी। तारों की रोशनी में सीताराम नदी-तट की रेती पर बैठ गए और श्री को भी बैठने को कहा। श्री बैठ गई तो वे बोले—"श्री! अब सुनो, जो सुनना चाहती थी। न सुनती तो अच्छा था, पर तुम्हारी इच्छा, तुम्हारे साथ मेरी शादी पक्की होने पर मेरे पिता ने तुम्हारी जन्म-पत्री देखनी चाही; पर वह न थी, इसलिए मेरे पिता ने बात न मानी। किन्तु तुम्हारे अपूर्व सौन्दर्य को देखकर मेरी माता ने तुम्हारे साथ मेरा विवाह कर दिया। शादी के एक महीने बाद एक पंडित हमारे घर आयें। उन्होंने सबकी जन्म-कुण्डली देखी। पिता ने उनकी विद्वता से प्रभावित होकर

तुम्हारी जन्म-पत्री बनवाना चाहा। पंडित जी कुण्डली बना लाये और उसका फलित पढ़कर सुनाया। उसी दिन से तुम्हारा परित्याग हो गया।

श्री—"ऐसी क्या बात थी उसमें?"

सीताराम—"तुम्हारे ग्रह अच्छे न थे।"

श्री—"कैसे थे?"

सीताराम—"कुण्डली में ऐसे ग्रह थे कि स्त्री प्रियघातिनी होती है अपने किसी प्रियजन का बध करती है। 'स्त्रियों का प्रिय' कहने से पति का ही बोध होता है। पतिवध तुम्हारी कुण्डली में होने से ही तुम्हारा परित्याग हुआ था। पंडित जी ने ही पिताजी से तुम्हें छोड़ देने की बात कही थी और पुत्र के दूसरे विवाह का प्रबन्ध करने को कहा था। साधारणत: स्त्री को पति ही प्रिय होता है, पर अगर स्त्री को पति प्रिय न हो तो यह बात दूसरे किसी प्रियजन के लिए लागू होती है। स्त्री-पुरुष का मिलाप न होने पर यह बात लागू नहीं होती। तभी तो पंडित जी ने कहा था कि ऐसा उपाय होना चाहिए, ताकि आपकी बहू तथा बेटे का सहवास न हो सके। पिताजी ने यह सलाह उत्तम जानकर तुम्हें मायके भेज दिया और तुम्हें ग्रहण न करने की आज्ञा मुझे दी। इसी कारण तुम्हारा त्याग हुआ।"

श्री एकाएक उठ खड़ी हुई। वह कुछ कहना चाहती थी, पर सीताराम ने उसे पकड़कर बैठा लिया और बोला—"अभी मुझे और कहना है जब पिताजी जीवित थे मैं उनके अधीन था। उनकी मर्जी के बिना कुछ कर नहीं सकता था।

श्री—"अब उनके स्वर्गवासी हो जाने पर क्या तुम उनके आज्ञाकारी नही रहे?"

सीताराम—"पिताजी की आज्ञा शिरोधार्य है! पिताजी जीवित हों या स्वर्गवासी, पर अगर अधर्म पर चलने को कहें तो ठीक नहीं है। क्योंकि हमारे पिता के पिता, अर्थात गुरु के गुरु, अधर्माचरण उनके भी विधान का उल्लंघन करता है। बिना कसूर के अपनी स्त्री को त्यागना पाप है। शीघ्र ही मैं तुम्हें यह बात बताऊँगा।

श्री फिर उठ खड़ी हुई और बोली—"मेरा परित्याग करके भी तुमने मुझ पर दया की, मेरे भाई की प्राण-रक्षा की। हमारा सहवास हो या न हो, अब मैं कभी तुम्हें अपना मुख न दिखाऊँगी। तुम भी कभी मेरा नाम न लेना। मैं तुमसे सौ योजन दूर ही रहूँगी।"

यह कहकर श्री ने घूमकर देखा और तेजी से चलकर अंधकार में न जाने कहाँ खो गई सीताराम देख भी न सके।

[8]

क्या यह भावना सीताराम के दिल में आज ही पैदा हुई थी? क्या कल श्री को देखकर उनका मन मचल गया था? कल पहली बार उनके मन में यह विचार उठा है। सीताराम के साथ श्री की इतनी ही जान-पहचान थी। विवाह के बाद वे दोनो साथ ही रहे भी कितने दिन? वह रहना भी कैसा तब श्री बच्ची थी। बाद में सीताराम के और दो विवाह हुए। पहला विवाह तप्त कंचन-सदृश्य श्यामवर्ण नन्दा के साथ हुआ; पर तब भी सीताराम का दुःख न मिटा। दूसरा विवाह पिता ने हिमराशिवत् धवल ज्योत्सनामयी रमा के साथ कर दिया। आज एक वसंत निकुंज-विहारणी अपूर्णा कल्लोलिनी सरिता है दूसरी मेघजल-राशि-प्रमथिता परिपूर्णा नदी है। दोनों स्रोतों में श्री तो बह गई। इसके बाद फिर श्री का कोई समाचार न आया।

यह सच है कि सीताराम को श्री की खोज-खबर लेनी चाहिए थी; किन्तु ऐसे अनेक कार्य होते हैं, जिन पर किसी का ध्यान नहीं जाता, पर किसी विशेष कारण से उसका ध्यान आ जाता है। जिसके पास अतुल्य धन होता है, उसके आठ-दस आने खो जाने का उसे कुछ दुःख नहीं होता। जिसके एक ओर नन्दा, दूसरी ओर रमा जैसी रमणियाँ हों, उसे श्री का ध्यान कहाँ से आए? जिसके एक ओर गंगा, दूसरी ओर यमुना हो, उसे रेत में अदृश्य जल राशि का ध्यान कहाँ से आए? जिसके एक ओर चित्रा, दूसरी ओर चन्द्रमा हो, उसे बुझते दीपक की कहाँ याद आए? रमा सुख, नन्दा सम्पदा और श्री विपदा है। जिसके एक ओर सुख, दूसरी ओर सम्पदा हो, उसे विपदा की क्यों याद आए?

किन्तु उस दिन श्री का आँसुओं से भरा गोल-गोल सुन्दर मुख सीताराम के लिए मुसीबत पैदा कर गया। तो क्या यह उसके रूप के कारण ही था? उसका रूप, उसका दुःख और सीताराम के स्वीकृत अपराध की आत्मग्लानि, इन तीनों ने मिलकर उलझन पैदा कर दी। शांतिपूर्वक अवसर देखकर कर्तव्याकर्त्तव्य, धर्माधर्म का विचार कर, पुरोहित से पूछकर पितृआज्ञा-उल्लंघन के प्रायश्चित का प्रबन्ध हो सकता था जो वे चाहते, वही हो सकता था। किन्तु वह सिंहवाहिनी चण्डीमूर्ति? गजब हो गया था वैसी क्या कोई और हो सकती है? यह कह देना कि सीताराम उस सिंहवाहिनी मूर्ति को देखकर विचलित हो गया था, सो बात भी नही है। प्रथम रात्रि में ही श्री को देखकर सीताराम ने सोचा था कि पिता की आज्ञा मानकर वह पाप करने जा रहा है। मन में सोचा था कि श्री के भाई की रक्षा करके, नन्दा और रमा को पहले ही समझा-बुझाकर, चन्द्रचूड़ के साथ विचार-विमर्श करने के बाद जो कर्तव्य होगा, वही करेगा। लेकिन काल की घटना से सत्र-सुख-स्वान टूट गए। नन्दा, रमा और चन्द्रचूड़, सब भूल गये केवल श्री का ध्यान बाकी रह गया। किन्तु रात के अँधेरे में श्री के एकाएक गायब हो जाने से मानो सीताराम के ऊपर बिजली गिर पड़ी।

सीताराम उठकर जिस ओर वन में श्री गई थी, उधर ही दौड़ पड़ें। किन्तु अँधेरे में पा न सकें। जंगल में जोर-जोर से श्री कहकर पुकारते हुए अपनी प्रति ध्वनि को सुनकर भ्रम से उसे श्री की ध्वनि समझकर उसके पीछे दौड़ते थे। श्री के पीछे दौड़ते हुए तथा 'हाय श्री! हाय श्री!' करते हुए दिन निकल आया पर न तो श्री वहाँ थी, न ही वह मिली।

'हाय!' सीताराम विलाप करने लगें, क्योंकि अपने श्री रूपी रत्न को उन्होंने खो दिया था। जब खोयी थी, अगर तभी ढूँढ़ते तो शायद मिल जाती। पर बाद में उसे ढूँढ़ने से क्या फायदा? सीताराम विलाप करते जाते थे—हाय! जिसे इस जगत में न पा सके, वही प्राणों से भी ज्यादा प्यारी है।

आज इस प्रभात काल में सीताराम को श्री का अनुपम सौन्दर्य एक-एक करके याद आने लगा जिस महिषमर्दिनी चण्डीरूपा श्री ने आंचल के संकेत से सैन्य-संचालन करके युद्ध में शत्रुओं को हराया, यदि वह श्री सहायक हो जाए तो सीताराम की समस्या क्या रहे।

सहसा सीताराम को याद आया कि उन्होंने गंगाराम को श्यामपुर जाने को कहा था। यह ध्यान आते ही सीताराम भी श्यामपुर को चल दिए। श्यामपुर पहुँचकर उन्होंने देखा, गंगाराम उन्हीं की प्रतीक्षा कर रहा है। उन्होंने छूटते ही पूछा "गंगाराम, तुम्हारी बहन कहाँ है?"

गंगाराम ने हैरानी से कहा—"मुझे क्या मालूम!"

सीताराम उदास हो गए और बोले—"वह यहाँ आई नहीं?"

गंगाराम—"नहीं तो!"

सीताराम—"तुम शीघ्र उसकी खोज करो! जैसे भी हो सके, खोज किये बिना न लौटना। तुम अगर सब ओर न जा सको, तो कुछ आदमियों को अपने साथ ले जाना। रूपये-पैसे की जरूरत हो तो सब मैं दूँगा!"

गंगाराम पर्याप्त धन लेकर अपनी बहन श्री की खोज में चला गया। बहुत लगन से एक सप्ताह तक दौड़-धूप की, पर उसका पता न चला। अन्त में निराश होकर लौट आया और सीताराम को सब कुछ बता दिया।

[9]

मधुमती नदी के किनारे बसा श्यामपुर ग्राम सीताराम की पैतृक सम्पत्ति है। भूषणा में दंगा जो हुआ था (सीताराम के कारण ही हुआ), उसी के कारण वे यहाँ आ गए थे। भूषण में सीताराम के अनुगामी, अधीन प्रजा और कर्जदार आसामी बहुत थे—उन्हीं से मिलकर सीताराम ने दंगा किया था। यद्यपि दंगा करने का विचार सीताराम का नहीं था, लेकिन मुसलमानों के बढ़ते हुए

अत्याचारों को रोकने के लिए दंगा जरूरी भी था। सीताराम की दंगा न होने देने की मर्जी देखकर भी चन्द्रचूड़ ने दंगा करा दिया। और उससे सहमकर सीताराम श्यामपुर जा बसा। और जो-जो लोग उस दंगे में शामिल थे, फौजदार से दंड मिलने की आशंका से वे भी श्यामपुर में सीताराम के अधीनता में जा बसे। इस प्रकार छोटा-सा श्यामपुर ग्राम सहसा नई आबादी बस जाने से एक बड़ा नगर बन गया।

तब सीताराम ने नगर-निर्माण की योजना बनाई। जहाँ बस्ती घनी होती है, वहीं व्यापारी आ बसते हैं। इसी कारण अन्य अनेक दुकानदार श्यामपुर में बस गए। सीताराम भी उनके आराम का ख़याल रखते थे। धीरे-धीरे उस नये शहर में हाट-बाजार, मंडी, बंदरगाह, सब कुछ बन गया। सीताराम अपने पूर्वजों द्वारा संग्रहीत घन से इस शहर को सजाने लगा। इसी बीच यह अफवाह फैल गई कि सीताराम हिन्दूराज्य स्थापित कर रहे हैं। इसलिये जो लोग मुसलमानों से अधिक दुःखी थे, वे दल-के-दल बनकर सीताराम के संरक्षण में आकर रहने लगे। उन्होंने राजप्रासाद के समान अपना गगनचुम्बी-भवन, विशाल-देवमंदिर तथा जगह-जगह पर सीढ़ियों से सुशोभित सरोवर और राजमार्गों को बनाकर नई नगरी को खूब सुन्दर तथा धनवान और खुशहाल बना दिया। कर्मठ सीताराम की कर्तव्य-परायणता और हिन्दूराज्य की स्थापना के जोश से थोड़े ही दिनों में यह काम पूरा हो गया। किन्तु तब भी सीताराम ने राजा की उपाधि ग्रहण न की, वरन दिल्लीश्वर को सम्राट मानकर राज्यकोष में 'कर' जमा कराते रहे। नूतन नगरी का नाम 'मुहम्मदपुर' रखकर हिन्दू तथा मुसलमान प्रजा के प्रति समान व्यवहार रखने से भी मुसलमानों को कोई शिकायत न थी।

फिर भी प्रजा के सुख, उनकी शक्ति और समृद्धि की ख्याति सुनकर फौजदार तौराबखाँ जल उठा। उसने किसी तरह बहाना बनाकर मुहम्मदपुर को लूटकर सीताराम को नष्ट करने की ठान ली। तौराब खाँ ने सीताराम को कहला भेजा कि तुम्हारी जमींदारी में कुछ बागी और भागे हुए बदमाश रहते हैं, उन्हें पकड़कर भेज दो। सीताराम ने उत्तर दिया कि नाम बतला दो तो भेज देंगे। फौजदार तो भगोड़ी प्रजा की सूची तैयार करके भेज दी। जनता ने यह देखकर नाम बदल लिये। सीताराम ने किसी का भी नाम सूची से न मिलता देखकर लिख भेजा कि इन नामों को कोई भी स्वीकार नहीं करता।

इस प्रकार वाद-विवाद चलने लगा। दोनों ही एक-दूसरे के मन का भाव समझ गए। तौराब खाँ सीताराम का नाश करने के लिए सेना एकत्र करने लगा। सीताराम भी स्वरक्षा के लिए श्यामपुर के चारों ओर किलों का निर्माण कराने लगें, प्रजा को अस्त्र-विद्या और युद्ध-कौशल की जरूरी शिक्षा देने लगे और सुन्दरवन के गुप्त मार्ग से हथियार इकट्ठे करने लगे।

इन कामों में सीताराम के सहायक तीन व्यक्ति थे इन्हीं तीनों की बदौलत यह गुरुतर कार्य ठीक-ठाक हो गया। सहायकों में प्रथम चन्द्रचूड़ तर्कालंकार, द्वितीय मृण्मय तथा तीसरे गंगाराम थे। बुद्धि में चन्द्रचूड़, बल और साहस में मृण्मय तथा स्फूर्ति में गंगाराम अद्वितीय थे। गंगाराम छाया की तरह सीताराम के साथ रहता था और उनकी सभी आज्ञाओं का पालन करते हुए वहीं रहता था। इसी समय चाँदशाह नामक फकीर ने सीताराम की सभा में आना-जाना शुरू कर दिया; उस फकीर से सीताराम की घनिष्टता बढ़ गई। उसकी ही सलाह से नवाब को खुश करने के लिए सीताराम ने राजधानी का नाम मुहम्मदपुर रखा था। फकीर बराबर आता रहता था और कोई बात उठने पर उसे शांत करने का ही प्रयास करता था।

तीन महारथी जैसे सीताराम के सहायक थे, वैसे ही उनके इस भगीरथ कार्य में एक व्यक्ति जबरदस्त रोड़ा था—वह उनकी पत्नी रमा थी। रमा बहुत कम उम्र की थी, इसीलिए उसका मन जुही-पुष्प के समान कोमल था। उसके लिए संसार की हर वस्तु दुर्गम या विषम और उसे डराने वाली थी। लड़ाई का नाम सुनते ही वह काँपने लगती। सीताराम के साहस और पराक्रम से वह हमेशा डरती थी। विशेषकर मुसलमान बादशाहों की चर्चा मात्र से उसके प्राण सूख जाते थे। उसने सीताराम पर बहुत जोर दिया कि वह फौजदार के पाँव पकड़कर क्षमा माँग ले। पर सीताराम ने एक न सुनी। उसका यही उत्तर था की मेरा कोई कसूर नहीं है। मार सीताराम ने एक न जसकारणी रहती। *

सीताराम अब रमा के पास अधिक न जाते थे। स्वाभाविक ही ज्येष्ठा (श्री को गिनने पर) नन्दा को मानो ११वें बृहस्पति लग गये।

यह देखकर बालिका-बुद्धि रमा अच्छी तरह समझ गई कि मुसलमानों के साथ इस झगड़े में उनका सर्वनाश है। रमा का हर रोज का रोना-धोना सीताराम के लिए सिर-दर्द बन गया। उन्होंने रमा की ओर जाना ही छोड़ दिया। फिर भी वे जिस राह से नन्दा के पास जाते थे, उसी राह में छिपकर उन्हें रोक लेती और अपने कमरे में ले जाकर फिर वही रोना-धाना शुरू हो जाता कि मुसलमानों के पाँव पड़ जाओ।

इसके बाद रमा ने देखा कि भूषणा की अपेक्षा मुहम्मदपुर में अधिक ऐश्वर्य हो गया है। उसके गढ़, खाई, चहारदीवारी और उसके ऊपर सजायी गई तोपें आदि अनेक शस्त्र देखकर तो रमा एकदम चारपाई से लग गई। रमा जब भी भगवान के सामने जाती, यही प्रार्थना करती हे प्रभु! मुहम्मदपुर नष्ट हो जाए—हम लोग फिर मुसलमानों के अधीन हो जाएँ। जब वह सीताराम के सामने होती। तब भी उनके सम्मुख यही प्रार्थना करती।

यह कहना ठीक नहीं है कि अपनी कुबुद्धि से रमा सीताराम की आँखों का काँटा बन गई। सीताराम मन-ही-मन सोचते हाय! आज अगर श्री होती तो उसकी सहायक होती। श्री दिन-रात

उनके मन में नाचने लगी। उनके दिलो-दिमाग पर बनी श्री की मूर्ति के सामने नंदा और रमा न टिकतीं। लेकिन मन की बात ज़ुबान पर आने से शायद रमा और नंदा बुरा मान जाती, इसलिए उन्होंने कभी श्री का नाम न लिया था। फिर भी एक दिन कलह से दु:खी होकर उनके मुख से निकल गया "हाय ! श्री को छोड़ कर रमा से क्यों पाला पड़ा?"

रमा आँसू पोंछती हुई बोली "तो श्री को बुला क्यों नहीं लेते? कौन मना करता है!"

सीताराम ठंडी साँस छोड़ते हुए बोले "उसे अब कहाँ पाऊँ?"

यह बात रमा के रोम-रोम में समा गई। रमा का अपराध जो भी हो, पति और पुत्र का स्नेह ही इसका मूल कारण है उनके ऊपर आने वाली विपत्ति के कारण ही यह सब क्लेश है। सीताराम इस बात से अनजान हो, वो भी बात नहीं है। लेकिन इतना जानते हुए भी वे रमा से खुश न रह सके। हर समय का रोना-धोना शुभ कार्य में बहुत ही पीड़ा देने वाला होता है। स्त्री-पुरुष का परस्पर स्नेह ही दाम्पत्य-सुख नहीं होता; सहमति, सम्मति और सहृदयता—ये भी दाम्पत्य जीवन के सार है। रमा समझ गई कि अकारण मैंने सीताराम से अपने को दूर कर लिया है। सीताराम अपने इष्टदेव से यही मनौती मनाते थे कि हे देवता! मुझे रमा के प्रेम से बचाओ!

रमा की दिन-रात की हाय-हाय ने सीताराम के मन पर श्री की मूर्ति को और गहरा अंकित कर दिया। सीताराम सोचते थे कि वे हिन्दू-राज्य की स्थापना के अतिरिक्त अपने मन में और किसी बात को महत्त्व न देंगे, पर श्री ने जाकर वहाँ अपना अधिकार जमा लिया था। सीताराम सोचते थे—श्री को ठुकराकर ही तो मैं रमा से उसी का दंड पा रहा हूँ। इसका प्रायश्चित होना ही चाहिए!

किन्तु सीताराम के हृदय में श्री को महत्त्व देने का कारण केवल रमा ही नहीं नंदा भी है। नंदा को यद्यपि मुसलमानों से भय नहीं है। फिर भी वह सोचती है कि उसके पति भले-बुरे सबके स्वामी हैं। उनमें इतना साहस है कि वे हर विपत्ति का सामना कर सकें; फिर उसे चिन्ता करने की क्या जरूरत है? यह इन कामों से निश्चिन्त होकर पति-सेवा में लग गई। माता के समान स्नेह, कन्या-सी भक्ति तथा दासी-सी सेवा, उन्हें सब कुछ नंदा से मिलता था; पर उनकी सहधर्मिणी कहाँ है? विषया में साहसप्रदायनी और विजय में आनन्दमयी वह कहाँ है? इसी से नंदा के स्नेह में भी सीताराम को पग-पग—श्री की याद आती और मैं उस महिमामयी सिंहवाहनी की मूर्ति की पूजा करने लगते।

प्रेम क्या चीज है—यह मैं नहीं जानता! किताबों में तो ऐसी प्रेम-कथाएँ पढ़ी है, लेकिन संसार में ऐसी प्रेम नाम की कोई चीज नहीं है। हाँ, एक बात माननीय है। वह यह कि प्रेम वह स्नेह - जिसका संसार में इतना आदर है, मान है, वह पुराने परिचितों को ही प्राप्त होता है, नवीनों को नहीं। किन्तु एक नवीन के प्रति भी मन में स्नेह चाहे उत्पन्न हो, नवीन कहने से उनका आदर

भले ही हो, किन्तु उसको छोड़कर हम उसका गुण-दोष नहीं जानते। जो बहुत बार परीक्षित है, उसकी सीमा निर्धारित है। जिसकी परीक्षा नहीं हुई. उसका सारा ज्ञान अनुमान पर निर्भर है। नवागन्तुक के आगमन से आकर्षण के पुराने किनारे टूट जाते हैं। श्री आज सीताराम के लिए नवीना है, इसलिए श्री के प्रति उन्मादकारी प्रेम ने सीताराम के चित्त पर एकाधिकार कर लिया है। उस प्रेम-स्रोत में नंदा और रमा बह गई।

नवागंतुक! क्या तुम इतने सुन्दर हो नहीं. वह पुरातन ही सुन्दर है। तब तुम तुम तो अनन्त के एक अंशमात्र हो। अनन्त के केवल एक अंश से हम सुपरिचित है वही एक अंश हमारे लिए पुराना हैः अनन्त का शेष हमारे लिए नवीन है। अनन्त का जो अंश अज्ञान है. वह भी नवीन है हमारे लिए। तुम अनन्त के ही जश हो संभवन इसीलिए तुम इतने उन्मादकारी हो! श्री आज सीताराम के लिए अनन्त का वही अंश है।

हाय ! अब तुमको, हमको क्या नया मित्र नहीं मिलेगा? क्या श्री से भेंट होगी? जिस दिन पुरातन सब छोड़ दिया जाएगा, उसी दिन सर्वस्व नूतन हो जाएगा। जब हम अनन्त के सम्मुख होकर खड़े होंगे; तब आँखें मूंदने पर श्री की मूर्ति दिखाई देगी।

तब आओ. भगवान का स्मरण करें! भगवान-स्मरण से ही अनन्त के दर्शन होते हैं।

[10]

"यही तो वैतरणी है!" इसे पार करने से ही अंतस की ज्वाला शांत होती है। किन्तु मेरी ज्वाला भी कभी शांत होगी क्या?

वेगवती वैतरणी की रेती में खड़ी अकेली श्री यह स्वगत कह रही थी। पीछे दूर तक नीले मेघ के समान नीलगिरि पर्वत के शिखर दिख रहे थे। सामने नीलसलिलासरिता वक्रगामिनी नदी, चाँदी के समान चमकीले, विस्तृत रेतीले मैदानों के बीच बह रही थी। उस पार काले पत्थरों से बनी सीढ़ियों के ऊपर सप्तमातृका मंदिर शोभायमान था, जिसमें स्थापित सप्तमातृकाओं की पत्थर की मूर्तियाँ भी कुछ-कुछ दिखाई दे रही थीं। अत्यन्त दूर उदयगिरि और ललितगिरि नामक पर्वतों के शिखर आकाश से बातें कर रहे थे।

"यह वह वैतरणी नहीं है—यमद्वार पर महाभंयकर खुलती हुई वैतरणी नदी है—यमराज के द्वार पर जाओ तब वह वैतरणी मिलेगी।" पहले श्री ने आश्चर्य से पीछे घूमकर देखा और बोली "यह तो वही संन्यासिनी है! माँ, क्या यमराज का द्वार वैतरणी के इस पार नहीं है, उस पार है?"

संन्यासिनी हँसी और बोली—"वैतरणी-पार करके यमपुर पहुँचते हैं। किन्तु बेटी! तुम यह क्यों पूछती हो? तुम इस पार ही क्या यमपुरी की यंत्रणा भोग रही हो?"

श्री—"लगता है, यंत्रणा दोनों ओर समान है!"

सन्यासिनी "नहीं बेटी! उस ओर तो सारी यंत्रणा हमें यहीं से ले जाने है! इस जन्म में किये गए पापों की गठरी समेत मल्लाह हमें मुफ्त में ही पार लगा देता है। इसके बाद फिर पापों की गठरी खोलकर धीरे-धीरे एक-एक सहना पड़ता है।"

श्री—"माँ!" क्या उस बोझ को इस पार ही उतारकर जाने का कोई साधन नहीं है? यदि हो तो बताओ, दिन में ही चली जाऊँ, रात करने की क्या जरूरत है!

संन्यासिनी—"इतनी जल्दी कैसी है?"

श्री—"देर होने से तूफान का डर है।"

संन्यासिनी की कम उम्र के कारण ही श्री उसमें बातें करने का साहस कर रही थी। संन्यासिनी ने उत्तर दिया—"तूफान का डर कैसा? क्या तुम्हारा माँझी कुशल नहीं है?"

श्री—"कुशल तो है, पर मैं उसकी नाव में चढ़ी ही नहीं हूँ, फिर चढ़कर उसकी नाव क्यों भारी करूँ?"

संन्यासिनी—"तो इसी से खोजते-खोजते वैतरणी के किनारे आ बैठी हो?"

श्री—"उससे भी ज्यादा कुशल माँझी की खोज में हूँ। सुना है, जगन्नाथपुरी में जो रहते हैं, वही सबको पार लगाते है।"

संन्यासिनी—"मैं भी उसी की खोज में हूँ। पर उस दिन जब तुम मिली थीं, तब तो तुम्हारे साथ अनेक व्यक्ति थे।

श्री—"मेरा कोई नहीं है। हैं तो बहुत, पर उन्हें अपनी इच्छा से छोड़ आई हूँ। मैं जिस यात्री-दल के साथ जगन्नाथपुरी जा रही थी, उस दल के पांडे की अपने ऊपर विशेष कृपा देखकर और उसकी नीचता को भाँपकर कल मैं निकल आई हूँ।"

संन्यासिनी—"अब क्या विचार है?"

श्री—"अब सोचा, दो बार पार जाने की क्या जरूरत है? एक ही बार काफी है। जल भी काफी है।

संन्यासिनी—"ऐसा न हो सकेगा! दो दिन तुम मेरे साथ रहो, फिर जो चाहो सो करना।"

श्री का हृदय डर गया। उसके पास पैसा न था। जब से दल छोड़ा था भूखी ही थी। श्री के सामने भिक्षा और मृत्यु दो राहें थीं। श्री बोली "एक बात पूछती हूँ माँ! तुम गुजारा किस प्रकार चलाती हो?"

संन्यासिनी—"भिक्षा माँगकर।"

श्री—"यह मुझसे न हो सकेगा! इससे तो वैतरणी में डूब मरना ही अच्छा है!"

संन्यासिनी—"तुम्हे भीख न माँगनी पड़ेगी। मैं माँग लाया करूँगी।"

श्री—"माँ, तुम्हारी उम्र कम है, फिर भी यह वेश। संन्यासिनी परम सुन्दरी थी। भभूत रमा लेने के बाद भी उसकी रूप-राशि छिपाए न छिप रही थी।

संन्यासिनी बोली—"हम उदासीन और संसार त्यागी हैं। हमें कुछ भय नहीं, जब धर्म हमारा रखवाला है।"

श्री—"तुम तो संन्यासिनी बन जाने से निर्भय हो; पर मैं तुम्हारे संग बेल-पत्ते लपेटकर कैसे मागूँगी? तुम लोगों को मेरा परिचय क्या दोगी?"

संन्यासिनी बोली—"तुम भी यह वेष धारण क्यों नहीं कर लेती?"

श्री का समस्त शरीर सहम उठा पर बोली—"क्या मैं संन्यासिनी नहीं हो सकती?"

संन्यासिनी—"मैं संन्यास लेने को तो नहीं कहती। अभी तुमने सब कुछ छोड़ने की बात कही है, सो अगर मन में छल न हो तो संन्यास लेना, बुरा भी नहीं है। किन्तु इस समय अपने-आपको छिपाने के लिए ही ऐसा करना क्या बुरा है।"

श्री—"सिर मुंडाना होगा; पर मैं तो सधवा हूँ।"

संन्यासिनी—"देख रही हो, मैने भी सिर मुंडाया है?

श्री—"जटा तो बना रखी है!"

संन्यासिनी—"बालों में तेल न डालने के कारण भस्म रमाए रहती हूँ, तभी जटाएँ बन गई है।"

श्री—"मेरा मन तो तुम्हारे बालों में तेल डालने को चाहता है।"

संन्यासिनी—"इस जन्म में तो सम्भव नहीं। हाँ, यह बताओ क्या तुम्हारा संन्यासिनी रूप बनाऊँ?"

श्री—"क्या जटा बनाने से ही सब काम पूर्ण हो जाएगा?"

संन्यासिनी—"नहीं! गेरुए वस्त्र, रुद्राक्ष, भस्म सब मेरी झोली में है, लगा दूँगी।"

श्री कुछ आनाकानी के बाद सहमत हो गई। तब एकान्त में श्री को ले जाकर संन्यासिनी ने एक अपूर्व सुन्दर संन्यासिनी-सा बना दिया। तब उन दोनों ने वैतरणी पार कर एक देव-मंदिर की अतिथिशाला में रात बिताई।

[11]

दूसरे दिन सुबह ही पास की नदी में स्नान कर दोनों जगन्नाथपुरी के मार्ग पर चल पड़ीं। उस प्रदेश के निवासी यात्रियों को उस राह से आते-जाते देखने के आदी थे। पर आज तक वे किसी को देखकर न चौंके थे, जितना आज चौंके। कई लोग उनके सामने आकर प्रणाम करने लगे, कई धन-दौलत के वरदान माँगने लगे। एक पौरन ने लोगों को रोक कर कहा लगता है रुक्मिणी

तथा सत्यभामा पनि-दर्शन के लिए जा रही हैं। दूसरों का विचार था कि रुक्मिणी,सत्यभामा को इस राह से जाने की क्या जरूरत थी? अवश्य ही राधिका और चन्द्रावली गोपिकाएँ पैदल चली जा रही हैं। यह अनुमान स्थिर होते ही एक स्त्री जो दुष्ट थी, बोली—जाओ! जाओ! यहाँ उसकी बहन सुभद्रा है; इन सबको मार डालो।

इधर वे दोनों बातें करती जा रहीं थीं। बहुत समय से श्री का कोई अपना न था, पर वह आज एक संन्यासिनी को पाकर खुश हो रही थी। उसकी अपेक्षा श्री अब तक अधिक नीरस हो चुकी थी।

संन्यासिनी—"तुम कहती हो कि तुम्हारे स्वामी हैं और वे तुम्हें लेकर गृहस्थी भी बनाना चाहते हैं। फिर भी तुमने घर क्यों छोड़ा? छोड़ो, इन बातों को हाँ इतना बताओ कि क्या तुम्हारी घर लौट जाने की इच्छा है या नहीं?"

श्री—"तुम हाथ देखना जानती हो?"

संन्यासिनी—"नहीं, पर देखने से क्या होता है?"

श्री—"नही? जो भी हो, हाथ दिखाकर ही तुम्हें इस विषय में कुछ बता सकती हूँ।"

संन्यासिनी—"चिन्ता न करो, मैं तुम्हें एक ऐसे आदमी के पास ले चलूँगी, जो इस विद्या के अच्छे पंडित हैं।"

श्री—"वे रहते कहाँ है?"

संन्यासिनी—"ललितगिरि की हस्तिगुफा में।"

श्री—"ललितगिरि कहाँ है?"

संन्यासिनी—"कोशिश करने से आज शाम के बाद वहाँ पहुँचा जा सकता है।"

श्री—"तब चलो, चलें।"

तब दोनों शीघ्रता से उसी ओर चल पड़ीं।

[12]

एक ओर उदयगिरि, दूसरी ओर ललितगिरि, बीच में स्वच्छ-निर्मल धारा, नील जल की राशि लिये समुद्र की ओर बह रही है। दोनों पर्वतों की चोटी पर चढ़कर देखने से पृथ्वी बहुत सुन्दर दिखाई दे रही है। उदयगिरि, जिसे अब अल्तिगिरि कहते हैं, वृक्षों से सजा है। ललितगिरि जिसे अब नाहिन्नगिरि कहते हैं, वृक्षहीन शिलाखंडों से सुशोभित है। किसी समय इसके शिखर के निचले भाग में प्रड्डालिका, स्तूप और बौद्ध मन्दिर स्थापित थे।

पर आज तो हिन्दुओं को इण्डस्ट्रियल स्कूलों में मूर्तिकला सीखनी पड़ती है। कुमारसम्भव को छोड़कर हम सुइनवर्न को पढ़ते हैं; उड़िया कलाकार का श्रेष्ठ प्रस्तर शिल्प छोड़कर विदेशियों के चीनी मिट्टी के पुतले बड़े अचम्भे से देखते हैं। भाग्य में अभी न जाने और क्या-क्या लिखा है!

ललितगिरि के आसपास की प्राकृतिक शोभा बरसों याद रहेगी। नील-सलिला विरूपा, नीले-पीले पुष्पों से खिले हरे-भरे खेतों के बीच बह रही है। ऐसा लगता है, मानो सुकोमल गलीचे पर किसी ने नदी का चित्र अंकित कर दिया है।

ललितगिरि के भीतरी भाग में विरूपा के तीर पर, पर्वत में हस्तिगुफा नाम की एक गुफा भी थी।

आज वहाँ की मूर्तियों के अंग उसी प्रकार भंग हो चुके हैं, जैसे हमारा हिन्दू-समाज भंग हो चुका है। किन्तु जिस समय की यह बात है, तब इस गुफा में गंगाधर स्वामी नामक महात्मा दिन-रात साधना में लीन रहते थे।

संन्यासिनी को श्री वहाँ ले गई। महात्मा जी उस समय साधना में लीन थे। वह रात उन दोनों ने गुफा में ही बिताई। अगले दिन जब स्वामी जी नित्य-कर्म स्नानादि से छुट्टी पाकर लौटे तो संन्यासिनी ने उनकी पदधूलि ग्रहण की। श्री ने भी वैसा ही किया।

स्वामी ने श्री से कोई बात न की और संन्यासिनी से संस्कृति में बाते करते रहें, जिसे श्री न समझ सकी।

स्वामी ने पूछा—"यह स्त्री कौन है?"

संन्यासिनी—"राही है।"

स्वामी—"यहाँ कैसे?"

संन्यासिनी—"भविष्य के प्रति भ्रम में पड़ गई है। आपको अपना हाथ दिखाने आई है।"

श्री ने तब निकट आकर दुबारा प्रणाम किया। स्वामी उसका चेहरा देखकर बोले—"तुम्हारी कर्क राशि है।"

श्री—चुप रही।

स्वामी—"तुम्हारा जन्म पुष्य नक्षत्र में हुआ था।"

श्री—चुप रही।

स्वामी—"गुफा से बाहर आओ तुम्हारा हाथ देखूँगा।"

तब श्री को गुफा से बाहर ले जाकर खड़िया की सहायता से उसके जन्म का संवत, दिन, वार, तिथि, दंड, पल सबका निश्चय कर, जन्म-कुण्डली बनाकर, गुफा में रखे तालपत्र पर लिखे एक प्राचीन पंचांग को देख, कुण्डली के बारह कोष्ठों में ग्रहों की यथास्थान लिखा। फिर श्री से बोले—"तुम्हारे लग्न स्थान में पूर्णचन्द्र और सप्तम में बुध, बृहस्पति, शुक्र तीन शुभ ग्रह है। तुम संन्यासिनी कैसे हो? तुम्हे तो राजमहिषी होना चाहिए था!"

श्री—"सुना है, मेरे स्वामी राजा हुए हैं। मैंने यह देखा नहीं है।"

स्वामी—"तुम उसे देख भी न सकोगी। यह सप्तम में बृहस्पति नीच के है। और तीनों शुप्तप्राड दिखाई देता है?"

श्री कुछ समझी नहीं पर चुपचाप सुनती रही। फिर कुछ देर बाद बोली—"और कुछ दुर्भाग्य।

स्वामी—"चन्द्र शनि के त्रिशांशगत है।"

श्री—"इससे क्या होता है?"

स्वामी—"तुम अपने किसी प्रियजन की प्राणघातिनी होगी।"

श्री से अब और न बैठा गया वह उठकर चल दी। स्वामी ने उसे रोककर बुलाया और बोले—"बैठो, तुम्हारे भाग्य में एक पुण्य कार्य भी है। उसका समय अभी नहीं है। वह समय आने पर स्वामी-दर्शन के लिए प्रस्थान करना।

स्वामी—"वह समय कब आएगा, प्रभु?"

स्वामी—"इस समय तो बता नहीं सकता। उसके लिए गणना की जरूरत है। पर वह समय निकट नहीं। तुम जा कहाँ रही हो।"

श्री—"पुरुषोत्तम के दर्शन के लिए पुरी जाना है।"

स्वामी—"जाओ! फिर अगले वर्ष तुम मेरे पास आना।"

फिर स्वामी ने संन्यासिनी से कहा—"उस समय तुम भी साथ आना तब गंगाधर स्वामी बातचीत बन्द करके ध्यान-मग्न हो गए। दोनों संन्यासिनियाँ उनको प्रणाम कर गुफा से बाहर हो गईं।

[13]

वे दोनों सन्यासिनियाँ फिर जगन्नाथपुरी की ओर चल दीं। उड़ीसा के उड़िया लोग रास्ते में खड़े होकर आश्चर्य से उन्हें देखने लगते। कोई उन्हें सिर झुकाकर प्रणाम करता, कोई उन्हें रोककर

कहता—माँ! मुझे मस्तक पर अपनी चरणभूति लगाने दो! कोई कहता—कुछ देर रुककर हमारा दुःख सुन लो! सबको यथा-सम्भव उत्तर से सन्तुष्ट करती हुई दोनों सुन्दरियाँ आगे बढ़ती रहीं।

चंचलगामिनी श्री को रोकने के लिए संन्यासिनी से कहा "धीरे चलो बहन! जल्दी करने से हम भाग्य से अपना पीछा छुड़ा सकते हैं क्या?"

स्नेहपूर्ण शब्दों से श्री की चंचलता कुछ कम हो गई। संन्यासिनी के दो दिन के मेल-जोल से ही श्री उसे प्यार करने लग गई थी क्योंकि संन्यासिनी श्री की पूजनीया थी। संन्यासिनी भी उसे बहन कहने लगी।

संन्यासिनी—"अब माँ-बेटी का रिश्ता अच्छा नहीं लगता, जबकि हम समवयस्क हैं। बहन कहना ही ठीक है।"

श्री—"तुमने भी क्या मेरी ही तरह दुःखी होकर संसार छोड़ा है?"

संन्यासिनी—"मुझे सुख-दुःख कुछ नहीं है। कभी तुम्हारी दुःख भरी कहानी सुनूँगी। तुम्हारा नाम तो मैं अभी तक नहीं जान सकी; क्या कहते हैं तुम्हें।

श्री—"मेरा नाम श्री है। तुम्हें क्या कहकर पुकारूँ?"

संन्यासिनी—"मुझे जयन्ती कहकर बुलाया करो! हाँ, तो स्वामी जी ने बताया है घर लौटने की तुम्हारी इच्छा नहीं है। दिन काटने का अन्य कोई उपाय भी नहीं है। कैसे समय बिताओगी, क्या विचार किया है?"

श्री—"नहीं, विचार तो नहीं किया है; किन्तु इतने दिन कट तो गए!"

जयन्ती—"किस प्रकार कटे?"

श्री—"इस प्रकार की अब पृथ्वी पर और कोई दुःख मालूम नहीं पड़ता।"

जयन्ती—"इसका एक ही उपाय है मन एक ओर लगा दो!"

श्री—"किसमें मन लगाऊँ?"

जयन्ती—"इतनी बड़ी दुनिया में क्या मन लगाने के लिए कुछ भी नहीं है?"

श्री—"पाप में?"

जयन्ती—"नहीं, पुण्य में।"

श्री—"स्त्रियों के लिए एक ही पुण्य कार्य है—पति सेवा! जब उसी को त्यागकर चली आई। तब बाकी क्या रह गया?"

जयन्ती—"स्वामी के भी एक स्वामी हैं।"

श्री—"वे स्वामी के भी स्वामी है पर मेरे लिए तो पति ही स्वामी है, और कोई नहीं है।"

जयन्ती—"जो तुम्हारे पति के भी स्वामी हैं वे तुम्हारे भी स्वामी हैं। क्योंकी वे प्राणी मात्र के स्वामी हैं।"

श्री—"मैं ईश्वर को नहीं जानती, केवल अपने स्वामी को जानती हूँ।"

जयन्ती—"जानोगी! उसे जानकर इतना दुःख भी न होगा।"

श्री—"नहीं, स्वामी को छोड़कर अब मैं ईश्वर को छोड़ना नहीं चाहती। स्वामी को मैंने त्याग दिया, उससे मुझे दुःख मिला है। ईश्वर को पाकर जो मुझे सुख मिलेगा, इन दोनों में स्वामी-विरह के दुःख से ही मैं प्रेम करती हूँ।"

जयन्ती—"इतना ज्यादा प्रेम था तो त्यागा ही क्यों?"

श्री—"क्या मेरी जन्म-कुण्डली का फल सुना नहीं?"

जयन्ती—"कुण्डली का फल अभी सुना है। इसीलिए तो कह रही हूँ कि इतना प्रेम क्यों है?"

श्री ने संक्षेप में सब हाल कह सुनाया। जयन्ती के आँखों में आँसू भर गए।

जयन्ती बोली—तुम्हारे साथ उनका साक्षात्कार तक नहीं फिर भी इनना स्नेह क्यों?

श्री—"तुम ईश्वर से प्रेम करती हो कितनी बार तुम्हारा ईश्वर से साक्षात्कार हुआ है।

जयन्ती—"मैं तो दिन-रात, मन-ही-मन ईश्वर का ध्यान करती हूँ।"

श्री—"जिस दिन बाल्यावस्था में ही उन्होंने मुझे त्याग दिया था, उसी दिन से मैं भी दिन-रात उनका ध्यान करती हूँ।"

जयन्ती सुनकर रोमांचित हो उठी। श्री कहने लगी—"यदि हम दोनों सांसारिक गृहस्थ हो चुके होते, तो यह घटना न घटती। इन्सान में गुण-दोष समान होते हैं उनमें भी दोष हो सकता है। न होने पर भी मैं अपने ही दोष को उनका दोष समझती। पर मन-ही-मन उन्हें देवता मानकर मैंने बरसों उनुका पूजा की है। चन्दन घिसकर दीवार पर लेपन कर यही समझा है कि उनके शरीर पर लगा रही हूँ। बागों से फूल तोड़कर उसकी माला बनाकर वृक्ष की किसी टहनी को पहनाकर यही समझा है, उन्हें पहना रही हूँ। अच्छा भोजन तैयार करके नदी में प्रवाहित करते हुए भी यही सोचा है कि उन्हें ही भोजन खिला रही हूँ। ठाकुर जी को प्रणाम करते हुए भी यही सोचा है कि उनके आगे सिर झुका रही हूँ। फिर भी उन्हें छोड़कर मैं चली आई हूँ। उन्होंने पुकारा भी, तब भी छोड़ आई?

श्री आगे कुछ बोल न सकी; आँचल में मुख छिपाकर जी भरकर रोयी। जयन्ती भी अपने पर काबू न पा सकी, उसकी भी आँखें छलछला उठीं। यह कैसी संन्यासिनी हैं?

द्वितीय खण्ड

[1]

सीताराम ने शुरू से ही श्री को बहुत ढूँढा। मास पर मास, वर्षों बीत गए। इतने वर्षों से सीताराम लगातार श्री की खोज करने में लगे रहें। हर तीर्थस्थान पर आदमी भेजे; पर वे श्री को पहचानते न थे, इसलिए ढूँढ न सके। गंगाराम को भी इस काम के लिए भेजा, पर वह भी निराश होकर लौट आया।

विवश होकर सीताराम ने श्री को अपने मन से निकाल दिया, ताकि राज्य-संचालन में ही सारा मन लगा सकें। वे वास्तव में राजा न थे, क्योंकि दिल्ली सम्राट ने उन्हें सनद नहीं दी थी। अब सनद पाने की इच्छा से उन्होंने शीघ्र ही दिल्ली की यात्रा करने का निश्चय किया। हिन्दुत्व का भाव उनके मन में बहुत जोरों से जाग्रत हो रहा था। मुसलमान यह सह न सकते थे। सारा मुहम्मदपुर ऊँचे-ऊँचे देवालयों से परिपूर्ण था। बंगाल-प्रांत और समस्त क्षेत्र के हिन्दुओं पर घोर अत्याचार होने लगा। ऐसे जघन्य कार्यों की इतिहास में कहीं तुलना नहीं है। मुर्शिद कुली खाँ जो मुर्शिदाबाद की गद्दी पर बैठने के बाद बंगाल के समस्त हिन्दुओं पर अत्याचार कर रहे थे, उन्होंनें जब देखा कि केवल मुहम्मदपुर में ही हिन्दू सर उठाये हुए हैं तो उन्होंने तोराव खाँ को आदेश भेजा कि सीताराम को जैसे भी हो, नष्ट कर दो! इसलिए 'भूषणा' में सीताराम के ध्वंस की तैयारी होने लगी। किन्तु कहने से तो कुछ नहीं होता। सीताराम के वध के लिए केवल हुक्म भेजा गया था, फौज तो नहीं भेजीं थी। क्योंकि बिना विशेष संकटमय स्थिति के नवाब की सेना फौजदार की सहायता नहीं कर सकती थी। साधारणत: शान्तिरक्षा के कार्य फौजदार अपने खर्चे से करता था। एक विद्रोही जमींदार का दमन करना भी साधारण सुव्यवस्था का काम है, इसीलिए फौज नहीं भेजी गई थी। इधर खबर मिली थी सीताराम ने अपने इलाके के समस्त वयस्कों को अस्त्र-विद्या सिखा दी है। कुछ सौ सिपाहियों को लेकर मुहम्मदपुर पर हमला नहीं हो सकता था। बंगला के लोगों पर तोराब खाँ को भरोसा न था, इसलिए उसने पश्चिमी प्रदेशों से सुशिक्षित

पठानों को लाने का प्रयत्न किया। उसने सुन रखा था कि सीताराम ने कुशल शिक्षित राजपूत व भोजपुरी योद्धाओं को अपनी सेना में भर्ती कर रखा है। इसलिए उसकी शक्तिशाली सेना की कमी के कारण सीताराम को ध्वंस करने की आशा, निराशा में बदल गई। तैयारी में ही उसको बहुत समय लग गया।

तोरब खाँ बड़ी कुशलता से चुपचाप सब तैयारी करता रहा, ताकि अचानक सीताराम पर हमला कर सके। किन्तु सीताराम को कुछ भी भूला न था। चतुर चन्द्रचूड़ जानते थे कि गुप्तचरों के बिना राज्य नहीं चला करते। चन्द्रचूड़ के कई गुप्तचर भूषणा में ही थे। अत: सीताराम को ध्वंस करने जो आज्ञा आयी थी, उसका सीताराम को सब पता लग चुका था।

यहाँ का सब प्रबन्ध करके सीताराम कुछ धन तथा सहायक लेकर दिल्ली की ओर रवाना हो गये। चलते समय सीताराम राज्य-रक्षा का भार चन्द्रचूड़, मृण्मय और गंगाराम पर छोड़ गये। मन्त्रणा और कोष का भार चन्द्रचूड़ पर, सैन्य-संचालन मृण्मय पर, नगर-रक्षा का भार गंगाराम पर और अन्त:पुर का भार नन्दा पर छोड़ गये। रोने के भय से सीताराम ने रमा से भेंट ही नहीं की। रो-रोकर रमा ने बुरी हालत बना ली।

[2]

रो-धोकर जब रमा को कुछ होश आया, तो उसने सोचा कि इस समय सीताराम का दिल्ली जाना अच्छा ही है। यदि कहीं इस अवसर पर मुसलमान यहाँ आकर सबको मार डालें, तब भी सीताराम तो बच ही जायेंगे। अत: रमा को जिसका अधिक डर था, वह तो निकल ही गया था। रमा को अपने मरने का कुछ भी भय नहीं था। उसे तो विश्वास था कि वह चाहे किसी तरह क्यों न मरे, पर सीताराम तो बच ही जायेंगे। अब रमा के दिल में यह विचार पैदा हुआ कि क्या मैं अपने प्रिय सीताराम को फिर न देख सकूँगी फिर उसने अपने मन में सोचा कि चलो, दूसरे जन्म में ही सही! मुहम्मदपुर में भी तो अब अधिक भेंट नहीं होगी। कहीं भी रहें, सीताराम कुशल से तो है!

यदि एक वर्ष पहले इस बात का पता चल जाता, तो यही सोचकर शान्ति हो जाती। किन्तु विधाता ने उसके भाग्य में शान्ति नहीं लिखी थी। एक वर्ष पहले रमा को एक पुत्र हुआ है। सीताराम तो अब उसे दर्शन ही न देते थे। अतः पुत्र का मुख देखकर वह सीताराम को पा लेती थी। रमा ने पहले सीताराम के बारे में सोचा और निश्चित हो गई। फिर अपने बारे में सोचा, तब भी सन्तुष्ट रही। अन्त में पुत्र के विषय में सोचा। अबकी बार उसे चिन्ता हुई पुत्र का क्या होगा? मुझे अगर मुसलमान मार गए तो मेरे पुत्र का क्या होगा? उसे किसके पास छोड़ जाऊँगी? फिर ध्यान

आया, दीदी को दे जाऊँगी; पर सौत क्या मेरे पुत्र को अच्छी तरह रखेगी? अगर मुसलमान मुझे मार जाते हैं तो क्या उसे नहीं मारेंगे? वे क्या पीर-पैगम्बर हैं? अगर दीदी भी मर गई तो मेरा पुत्र किसके पास रहेगा? उसे किसको देकर जाऊँगी?

सोचते-सोचते रमा का सिर चकराने लगा। एक भयानक खयाल उसके मन में पैदा हुआ मुसलमान क्या मेरे बेटे को जिन्दा छोड़ देंगे? वे लोग विधर्मी हैं, हमारे दुश्मन हैं, गो-मांस खाते हैं, फिर क्या मेरे पुत्र को जीवित रहने देंगे? सर्वनाश! सीताराम दिल्ली क्यो चले गये? रमा यह सवाल अब किससे पूछे? अचानक उसे नन्दा का ध्यान आया वह दौड़कर उसके पास गई और बोली "दीदी, मुझे तो डर लग रहा है राजा दिल्ली क्यों गये हैं?"

नन्दा बोली—"राजा का काम राजा जानें, हमें क्या पता बहन!"

रमा—"इसी समय अगर मुसलमान हमला कर दें तो नगर की रक्षा कौन करेगा?"

नन्दा—"विधाता को सब मालूम है, वही करेंगे और नहीं तो कौन करेगा!"

रमा—"तो मुसलमान क्या सभी को मार डालेंगे?"

नन्दा—"शत्रु भी क्या कभी दया करता है?"

रमा—"तो वे मार ही डालेंगे! लेकिन बच्चों पर तो दया करेंगे?"

नन्दा—"यह सब कुछ क्यों तुम अपने मुख से कह रही हो? जो भाग्य में लिखा है, वही होगा! भाग्य में अगर मंगल लिखा है, तो मंगल ही होगा। हम लोगों ने क्या कोई अपराध किया है, जो वे हमें सजा देंगे? पर तुम क्यों चिन्ता में मर रही हो? आओ, चौपड़ खेलोगी? तुम्हारी नथ का नया लटकन जीत लूँ, आओ यह कहकर नन्दा ने रमा का मन बहलाने के लिए पाँसा फेंका। रमा ने बेमन से एक बाजी खेली, किन्तु खेल में उसका मन लग न सका। नन्दा अपनी इच्छा से बाजी हार गई रमा की नाक का लटकन बच गया; किन्तु रमा फिर खेली नहीं, एक बाजी खत्म होते ही उठ गई।

रमा ने नंन्दा से अपने प्रश्न का उत्तर नहीं पाया इससे वह खेल न सकी। उसने अपने महल में लौटकर अपनी एक बूढ़ी धाय से पूछा—"क्या मुसलमान लोग बच्चों को भी मार डालते है?"

वृद्धा बोली—"वे सब कुछ करते हैं!"

रमा का दिल जोर-जोर से धड़कने लगा। रमा ने यही प्रश्न लगभग सभी से पूछा। सभी मुसलमानों से डरने के कारण उन्हें अच्छी नजर से न देखती थी—सबने वृद्धा की तरह एक ही उत्तर दिया। तब रमा अपना सर्वनाश समझकर पलंग पर लेट और पुत्र को गोद में लेकर फूट-फूटकर रोती रही।

[3]

इधर जब तोराव खाँ ने यह सुना कि सीताराम आजकल मुहम्मदपुर में नहीं है, तो उसने यही मौका अच्छा जानकर मुहम्मदपुर को खत्म करने की सोची।

यह समाचार मुहम्मदपुर भी पहुँचा। शहर में भारी हलचल मच गई। कोई मौसी के घर, कोई बुआ के घर, कोई समधी के, कोई जमाई के घर जिसको जहाँ जगह मिली, वहीं चले गये। दुकानदार अपनी दुकाने उठाकर भागने लगे।

नगर-रक्षक गंगाराम चन्द्रचूड़ के पास समस्या लेकर आया और बोला "इस समय महाराज की क्या आज्ञा है? शहर उजड़ा जा रहा है।

चन्द्रचूड़ बोले—"स्त्रियाँ, बालक, वृद्ध जो भी जाएँ, जाने दो! कम-से-कम राशन की ही बचत होगी! पर जिसने युद्ध-विद्या सीखी है अगर वे जाएँ तो गोली मार दो। एक भी हथियार शहर के बाहर न जा पाए। खाद्य सामग्री मुट्ठी भर भी किसी को न ले जाने देना।"

सेनापति गुग्मय ने आकर चन्द्रचूड़ की सलाह ली। बोले—"यहाँ पड़े-पड़े क्यों मार खाएँ? यदि तोराब खाँ आ ही रहा है, तो सेना लेकर आधे रास्ते पर उसे रोकरकर वहीं उसको क्यों न मार भगाएँ।

चन्द्रचूड़ बोले—"इस तेज नदी की सहायता से हम क्यों वंचित रहें? यदि तुम आधे मार्ग पर ही जाकर हार गए, तो हमारा क्या हाल होगा? यदि नदी के इस पार ही तोपें लाकर खड़े करो, तो किसकी हिम्मत है जो नदी पार कर सके! यह पैदल पार होने वाली नदी नहीं है। यह पता लगाओ कि वे नदी कहाँ पार करेंगे? तैयारी पूरी रखना, लेकिन बिना पूछे कुछ न करना।

चन्द्रचूड़ गुप्तचरों के लौटने की प्रतीक्षा में थे। गुप्तचरों से पता लगा लेने के बाद ही वे कार्य करेंगे। अंत:पुर में यह समाचार कि तोराब खाँ मुहम्मदपुर को लूटने आ रहा है, पहुँचा और वहाँ तो 'आ रहा' का अर्थ उन्होंने यही समझा कि 'आ गया है।' बस, वहाँ तो रोना-धोना मच गया। नन्दा किस-किस को चुप कराए! रमा को तो क्षण-क्षण में बेहोशी आने लगी। नन्दा ने सोचा, रमा का मर जाना ही अच्छा है! फिर सोचा, जब स्वामी उसे अंत:पुर का भार सौंप गए हैं, तो यही सोचकर वह रमा की सेवा में लग गई।

इधर नगर की औरतें नन्दा को सलाह देने लगीं कि मुहम्मदपुर मुसलमानों को देकर प्राणों की भीख माँग लो। हम बंगाली है। हमें लड़ाई-झगड़े से क्या काम! सबके प्राण तुम्हारे हाथ में है। महारानी, तुम्हारा भला हो, तुम सभी के प्राण बचा लो, हमारी बात मान लो!

नन्दा ने समझाया—"डर की क्या बात है? पुरुषों की बुद्धि से क्या तुम्हारी बुद्धि अधिक तेज है? उन्हें क्या अपना जीवन प्यारा नहीं है? इन सब बातों के बाद रमा की बुद्धि खुली? फिर वह सबसे बातें करने लगी।

[4]

गंगाराम नगर-कोतवाल होने के कारण प्राय: रात को वेश बदलकर नगर का चक्कर लगाया करता था। एक दिन वह वेश बदलकर चक्कर काट रहा था और तीसरे पहर में थककर लौट रहा था, कि तभी किसी ने पीछे से उसका कुर्ता खींचा।

गंगाराम ने पूछा—"कौन हो तुम?"

कोई स्त्री बोली—"मैं तो जो भी होऊँ! तुम यह पूछो कि मैं चाहती क्या हूँ?"

उसके स्वर से पता चला कि स्त्री कम उम्र की है।

गंगाराम—"यह बाद में पूछ्रेगें; पहले यह बताओ कि स्त्री होते हुए, इतनी रात को राज्य में क्यों घूम रही हो?"

वह रात्रि में उसे पहचान नहीं सका और बोला—"पता नहीं, आजकल समय कैसा है! इसके बाद भी अकेली घूम रही हो?

स्त्री—"मैं इतनी रात गए इस पथ पर आपको ही ढूँढ़ रही थी।"

गंगा—"झूठ है! तुम मुझे जानती हो?"

स्त्री—"हाँ, आप दास महोदय, नगर के रक्षक हैं।"

गंगा—"चलो, तुम मुझे पहचानती तो हो; पर तुमने यह कैसे जाना कि रात को इस समय मैं इस पथ पर से गुजरूँगा?"

स्त्री—"मैं बहुत देर से आपको ही ढूँढ़ रही थी। आपके घर भी देख आई।

गंगाराम "क्यों?"

स्त्री—"यही बात आपको पहले पूछनी चाहिए थी! क्या आप एक दुस्साहस का कार्य करेंगे?"

गंगा—"वह क्या?"

स्त्री—"मैं जहाँ आपको ले चलूँ। वहाँ क्या आप जा सकेंगे?"

गंगा—"कहाँ जाना होगा?"

स्त्री—"यह आप न पूछे, न ही मैं आपको बता सकूँगी।"

गंगाराम—"अच्छा, यह न बताओ। यह तो बताओ कि तुम्हारा नाम क्या है, तुम कौन हो, कहाँ से आई हो और मुझे क्या करना होगा?"

स्त्री—"मेरा नाम मुरला है। इसके अलावा मैं और कुछ न बताऊँगी। अगर आप में इतना भी साहस नहीं है तो मुसलमानों से नगर की रक्षा किस प्रकार करोगे? आप नगर-रक्षक होकर डरते है।

गंगाराम को मुरला के साथ जाना पड़ा। मुरला आगे-आगे, गंगाराम पीछे चल पड़ा। कुछ दूर जाकर गंगाराम ने देखा कि सामने एक बड़ी इमारत है। पहचानकर बोला "यह तौ राजभवन है!"

मुरला—"इसमें क्या दोष है?"

गंगा—"मुख्य द्वार से जाने से कोई दोष नहीं, पर यह तो पिछला दरवाजा है। क्या अंतःपुर में जाना होगा?"

मुरला—"हिम्मत नहीं पड़ती, क्यों?"

गंगा—"नहीं, मुझ में इतनी साहस नहीं है! यह मेरे स्वामी का अंत:पुर है; बिना आज्ञा मैं अन्दर नहीं जा सकता हूँ।"

मुरला—"किसकी आज्ञा चाहते हो?"

गंगा—"राजा की आज्ञा!"

मुरला—"वे तो नगर में नहीं है रानी की आज्ञा पाकर चलेंगे?"

गंगा—"चलूँगा!"

मुरला—"आइये, मैं रानी की आज्ञा आपको सुनाऊँगी।"

गंगा—"क्या पहरेदार तुम्हें जाने देगा?"

मुरला—"हाँ, जाने देगा।"

गंगा—"किन्तु मुझे बिना पहचाने नहीं जाने देगा; और इस वेश में मेरी परिचय देने की इच्छा भी नहीं है।"

मुरला—"परिचय की जरूरत क्या है। मैं जो साथ हूँ!"

द्वार पर पहरेदार खड़ा था। मुरला ने पास जाकर पूछा—"क्यों पांडे जी, दरवाजा खुला है?"

पहरेदार—"हाँ, खुला है लेकिन यह कौन है?"

मुरला—"यह मेरा भाई है।"

पांडे—"कोई पुरुष अन्दर नहीं जा सकता।

मुरला—(तुनककर) "किसका हुक्म है यह? तुझे और किसका हुक्म चाहिए? मेरा हुक्म छोड़कर और किसका हुक्म चाहता है? झाड़ू मारकर अक्ल ठिकाने लगा दूँगी, क्या जानता नहीं?"

प्रहरी डर गया और कुछ न बोला। मुरला गंगाराम को बिन झिझक अन्दर ले गई। अंत:पुर में जाकर दोतल्ले पर ले गई। वहाँ एक कमरा दिखाकर बोली—"इसके भीतर चले आओ! मैं बाहर ही रहूँगी, भीतर न जाऊँगी।"

गंगाराम ने कौतूहल से कमरे में प्रवेश किया। वहाँ गंगाराम ने देखा कि एक स्त्री कीमती वस्त्रों से सजी हुई पलंग पर बैठी थी। वह रमा थी।

[5]

गंगाराम कभी अंत:पुर में नहीं गया था, न ही कभी नन्दा और रमा को देखा था। किन्तु कीमती ठाट-बाट देखकर उसने अनुमान लगाया कि यह कोई रानी ही होगी। अत: उसने हाथ जोड़कर पूछा—"मेरे लिए क्या आज्ञा है महारानी?"

रमा ने उठकर गंगाराम को प्रणाम किया और बोली—"आप मेरे बड़े भाई हैं। आपके लिए जैसी श्री, वैसी ही मैं हूँ। आपको जो मैंने इस समय कष्ट दिया है, इसके लिए क्षमा चाहती हूँ।

गंगा—"मेरे लिए जब हुक्म होगा, तभी तो जाऊँगा। आप तो मालकिन हैं।"

रमा—"मुरला कहती थी कि प्रकट में आप आने का साहस न कर सकेंगे। और भी बहुत कुछ कहती थी नासपीटी! तो दादा, मैंने बहुत भयभीत होकर ही यह दुस्साहस किया है, मेरी रक्षा करो!"

कहते-कहते रमा रो पड़ी। उसके रोने से गंगाराम का दिल पिघल गया। बोला—"क्या हुआ? "क्या करना होगा मुझे?"

रमा—"क्या हुआ ? क्या आपको पता नहीं कि मुसलमान हम सबको मारकर मुहम्मदपुर लूटने आ रहे हैं?"

गंगा—"किसने तुम्हें डरा दिया है कि मुसलमान शहर को तहस-नहस कर देंगे? हम लोग फिर किस दिन तुम्हारे काम आएँगे? हम लोग तुम्हारा अन्न क्यों खा रहे हैं?

रमा—"तुम पुरुष हो, तुममें ज्यादा साहस है; पर यदि तुम हमारी रक्षा न कर सकोगे तो क्या होगा रमा ने फिर रोना शुरू कर दिया।

गंगा—"हम लोग पूरी शक्ति से तुम्हारी रक्षा करेंगें।"

रमा—"सो तो ठीक है; पर यदि न कर सके तो क्या होगा?"

गंगा—"तो मर जाएँगे, और ज्यादा क्या होगा!"

रमा—"ऐसा न करो, मेरी बात मानो! आज सब औरतें बड़ी रानी से कहती थीं कि मुसलमानों को आदर से बुलाकर शहर उनको सौंप दो और प्राण भिक्षा माँग लो। मैंने इसीलिए तुम्हें बुलाया है।"

गंगा—"मुझे क्या करने को कहती हो?"

रमा—"यह मेरे गहने-जेवर, नकदी रुपया-पैसा सब कुछ ले लो और मुसलमानों के पास चले जाओ और कहो कि अपनी इच्छा से तुम्हें अपना नगर देते हैं, पर तुम किसी के प्राण न लेना! अगर वे मान जाएँ तो नगर तुम्हारे ही हाथ में है—तुम उन लोगों को गुप्त रूप से लाकर किला दिखा देना। सबके प्राण बच जाएँगे।"

गंगाराम काँप उठा, बोला "महारानी! मुझसे कहा सो कहा, पर और किसी से ऐसा न कहना। प्राण रहते हुए यह काम मेरे से न होगा। यदि और भी कोई ऐसा काम करे तो मैं अपने हाथ से उसका सिर काट दूँ।"

रमा की रही-सही आशा भी जाती रही। वह जोर-जोर से रो उठी और बोली—"तब मेरे बच्चे का क्या होगा?"

गंगाराम सहमकर बोला "चुप रहिए! आपका रोना सुनकर यदि कोई यहाँ आ गया तो दोनों के लिए अच्छा न होगा। अपने पुत्र के लिए इतना डर रही हो। मैं इसका उपाय ढूँढूँगा। आप कहीं दूसरी जगह जाने को तैयार हैं?"

रमा—"यदि मुझे अपने पिता के पास ले चलो! पर बड़ी रानी मुझे जाने न देंगी और चन्द्रचूड़ आज्ञा न देंगे।"

गंगा—"तब छिपकर जाना होगा। इस समय तो इसकी कोई जरूरत नहीं है, पर यदि ऐसी-बात देखी तो मैं स्वयं आपको पहुँचा आऊँगा।"

रमा—"मैं कब जा सकूँगी वैसे।"

गंगा—"मुरला के द्वारा समाचार देती रहना। लेकिन बहुत गुप्त रूप से मेरे पास आना।"

रमा लम्बी साँस छोड़कर बोली—"यदि आप मुझे प्राणदान देंगे तो मैं जीवन-भर आपकी दासी रहूँगी। देवता तुम्हारा भला करेंगे।"

यह कहकर रमा ने गंगाराम को बिदा किया। मुरला गंगाराम को बाहर पहुँचा आई।

किसी के भी मन में क्रूर भाव न था। फिर भी दोनों से एक बड़ा कसूर तो हो ही गया था।

गंगराम दोनों ने ही हमे महसूस किया।

गंगाराम ने सोचा—"इसमें मेरा क्या कसूर है?"

रमा सोचती थी—यह न करती तो क्या करती प्राण जो जा रहे थे!" केवल मुरला ही खुश थी।

गंगाराम की अगर पैनी दृष्टि होती तो वह इसमें छिपे एक व्यक्ति को पहचान लेता, पर यह मनुष्य को नहीं पहचानता था। इस तरफ जो रमा के मन में था, वही विधाता की भी इच्छा

थी। चन्द्रचूड़ महाराज ने तोराब खाँ के पास एक आदमी भेजा कि हम लोग राज्य तथा किला आपको देने को तैयार है। हम आपको किला बेच देंगे आप राज्य तथा किले का क्या मूल्य देंगे? सेना की क्या जरूरत है? चन्द्रचूड़ ने मृण्मय और गंगाराम को भी यह समाचार सुनाया। मृण्मय क्रूद्ध होकर बोला—"क्या, ऐसा विश्वासघात?"

चन्द्रचूड़ बोला—"मूर्ख हो कुछ भी बुद्धि नहीं! बातचीत करते दो-चार महीने बीच जाएँगे तब तक राजा आ जाएँगे।"

गंगाराम के मन में पता नहीं क्या था, वह कुछ न बोला।

[6]

उस दिन गंगाराम से कुछ काम न हो सका रमा का सुन्दर मुख उसकी आँखों के आगे नाच उठता था। दीपक की रोशनी भी फीकी थी उसके सामने। ओह, उसका अंग-अंग कितना सुन्दर था गंगाराम उसका वर्णन कैसे करे! वह अपने मन में सोचने लगा मैं उसका ध्यान कई वर्षों तक न भूल सकूँगा। बल्कि यूँ कहना होगा कि उसकी याद से ही वर्षों सुखी रह सकूँगा।

क्या मूर्खता है! एक बार देखने से अब एक बार फिर देखने की इच्छा होती है। दिन को तो वह याद से वर्षों काटने की बात सोच रहा था, और शाम होने पर सोचने लगा कि एक बार फिर देख लूँ तो अच्छा है। दो-चार घड़ी रात बीतने पर वह सोचने लगा आज मुरला नहीं आएगी। पर कोई पहर-भर रात ही बीती होगी कि मुरला ने उसे फिर आ पकड़ा।

गंगाराम ने पूछा—"क्या बात है?"

मुरला—"आप बताएँ!"

गंगाराम—"क्या जानना चाहती हो?"

मुरला—"पिता के घर जानेवाली बात।

गंगाराम—"उसकी जरूरत नहीं, राज्य की रक्षा होगी?"

मुरला—"वह कैसे?"

गगाराम—"वह भी कोई बताने की बात है!"

मुरला—"तो मैं क्या जवाब दूँगी?"

गंगाराम—"हाँ, मेरी कही बात ही कह दो?"

मुरला—"अगर मुझे फिर भेजा तो?"

गंगाराम—"तो कल जहाँ मुझे मिली थी, वहीं आ जाना।"

मुरला चली गई और उसने रानी को जाकर वैसा ही कह दिया। गंगाराम ने स्पष्ट कुछ न कहा था। इसलिए रमा कुछ समझ न सकी वह कुछ घबरा-सी गई। अत: मुरला फिर गंगाराम को रात के तीसरे पहर में रमा के पास ले गई। उस प्रहरी ने फिर टोका और गंगाराम मुरला का भाई बनकर चला गया।

गंगाराम रमा के सामने क्या बकता रहा, रमा कुछ समझ न सकी। वास्तव में गंगाराम माह में दिख चुका था। 'काम' के वश में होकर उसका ज्ञान जाता रहा। केवल दो आँखों से उसे जी भरकर देखता रहा और कानों से उसकी आवाज सुनता रहा, पर उसे सन्तुष्टि प्राप्त न हुई।

गंगाराम केवल यही जानता था कि उसने चन्द्रचूड़ महाराज की नीति का रमा के सामने कुछ भी बयान नहीं किया। दरअसल वह कुछ बताने आया भी न था। रमा को देखकर दक्षिणा में उसे अपना दिल देकर चला गया। मुरला फिर उसे बाहर ले गई। जाते समय मुरला बोली—"फिर कब आओगे?"

गंगा—"किस लिए?"

मुरला—"मालूम होता है, जरूर आओगे!..

गंगाराम ने आँखें बन्द कर ली और फिसलने वाले मार्ग में पैर रखा।

इस ओर चन्द्रचूड़ के संदेश का तोराब खाँ ने उत्तर भेजा कि अगर कम कीमत देकर सौदा बन जाए तो अच्छा है, किन्तु सीताराम को हमारे हवाले कर देना होगा।

चन्द्रचूड़ ने उत्तर भेजा—"सीताराम को भी पकड़ा देंगे, लेकिन रुपया कम न लेंगे।

तोराब खाँ ने पूछ भेजा—"कितनी रकम चाहिए?"

चन्द्रचूड़ ने लम्बी रकम कही। तोराब खाँ ने छोटी रकम कहला भेजी। इसके पश्चात् चन्द्रचूड़ नीचे उतरे, तोराब खाँ ने कुछ रकम बढ़ा दी। इसी प्रकार चन्द्रचूड़ मुसलमानो को भुलावे में डालकर समय बिताने लगे।

[7]

मुरला मुँहजली ने जो शब्द मुँह से निकाले थे। वही हुआ गंगाराम को फिर रमा के पास जाना पड़ा। गंगाराम बिना गए रह न सकता था। रमा ने फिर गंगाराम को न बुलाया। हाँ, समय-समय पर मुरला को गंगाराम के पास भेज देती। पर वह कहता कि तुम्हें गुप्त बातें कैसे बताई जा सकती है—मैं किसी दिन स्वयं बतला आऊँगा। मजबूर होकर रमा को फिर गंगाराम को बुलाना पड़ा। मुसलमानों के आने की सही खबर जान लेने के लिए रमा का दिल बैठा जा रहा था। यदि वे दिन-दहाड़े आ गये तो क्या होगा?

गंगाराम फिर आया। अब उसने रमा को दिलासा देने के बदले उसे डरा दिया और फिर दुबारा आने का रास्ता बना गया। उसमें रमा को सही बात बताने का साहस न था। सीधी-सादी रमा उसके मन का कपट न जान सकी। गंगाराम प्रेम करने के लिए न आता था, फिर भी उसे देखने की इच्छा से दुबारा आने की राह तैयार कर जाता था। केवल देखकर ही वह अपनी तृप्ति कर लेता था।

अगर प्रेम न होता तो गंगाराम भय दिखाकर उसका दुःख बढ़ाने की बातें न करता। यह प्रेम जिसके हृदय में जगह कर लेता है, उसका नाश करके छोड़ता है।

उसे डराकर गंगाराम चला गया। जब रमा ने पिता के घर जाना चाहा तो आज-कल कहकर वह टालता रहा। रमा उसे बुलाती रही और वह आता रहा। इसी तरह बहुत दिन चलता रहा।

एक ही बार में 'लाठी भी न टूटे और साँप भी मर जाए' यह होना असम्भव था। अगर खुले रूप से सौ बार भी रमा से मिल लेता तो कुछ अन्तर न पड़ता, क्योंकि रमा का दिल पवित्र और साफ था। किन्तु इस प्रकार रात्रि के तीसरे प्रहर में हमेशा भेंट होना कब तक सम्भव था? रोज की बातचीत से हृदय एक-दूसरे के समीप तो आ ही जाते हैं; पर रमा को इस बात का पता न था। मुरला की एक बात ने ही गंगाराम को सचेत कर दिया। एक दिन पांडे ने मुरला से पूछा—"तुम्हारा भाई हर रोज भीतर क्यों आता-जाता है?"

मुरला—"तू क्यों पूछता है? क्या झाड़ू का डर नहीं? मक्कार कहीं का!"

पांडे—"भय तो है, पर जान जाने का भी तो डर है!"

मुरला—"तेरी और कौन-सी जान है, मैं ही तो हूँ रे!"

पांडे—"तुझे छोड़ने से भी महंगा नहीं। लेकिन जान जाने से तो अँधेरा हो जाएगा। अब मैं तेरे भाई को छोड़ूगा नहीं!"

फिर उसने कहा—"वह आदमी तुम्हारा भाई नहीं, कोई बड़ा आदमी मालूम होता है; पता नहीं वह क्यों आता है? जानने की कुछ जरूरत नहीं है? शायद वह अन्दर के भेद जानने के लिए छिपकर आता है। जब वह छिप-छिपकर आता है तो हमें कुछ मिलना चाहिए। तुम्हें कुछ मिला भी होगा; उसमें से आधा मुझे भी मिलना चाहिए।

मुराला—"वह मुझे कुछ नहीं देते। पाने पर तुझे भी दूँगी।"

पांडे—"आधा-आधा तय कर लो!"

मुरला ने सोचा, सलाह तो ठीक है! रानी से उसे गहने-कपड़े मिले हैं, किन्तु गंगाराम से कुछ नहीं मिला था। अत: जरा सोचकर पांडे से बोली "अच्छा अबकी बार जब आए, तो छोड़ना नहीं—मेरे कहने पर भी नहीं; तभी कुछ मिलने की आशा है।"

इसके बाद जब गंगाराम अन्दर अंत:पुर में जाने के लिए आया तो पांडे ने उसे न छोड़ा। मुरला ने बहुत हाथ-पाँव जोड़े, पर प्रहरी न माना। गंगाराम ने मुरला से सलाह की कि वह प्रहरी को अपना परिचय दे-दे। नगर-रक्षक जान लेने पर वह कुछ आपत्ति न उठाएगा।

मुरला—"आपत्ति तो न करेगा, पर सब लोगों से हमारी कहानी कहता फिरेगा। मेरे भाई के आने-जाने की बात सबसे कहेगा, इससे सारा दोष मुझ पर आएगा।"...

फिर गंगाराम इसे ठीक समझकर चुप रहा और अपना परिचय न दिया। उसने सोचा कि इसे मार क्यों न दिया जाए! पर इससे गड़बड़ी पैदा होने का डर था। तब शायद यह रास्ता सदा के लिए बन्द हो जाए! इसलिए चुप रहा। पर पांडे ने उसे अन्दर न जाने दिया। उस रात गंगाराम को घर ही लौटना पड़ा। मुरला को अकेली आते देख रानी ने पूछा—"वे क्यों नहीं आए?"

मुरला—"आये थे, पर पहरेदार ने न आने दिया।"

रानी—"रोज आने देता था, आज क्या हुआ?"

मुरला—"उसे शक हो गया है?"

रानी—"कैसा शक?"

मुरला—हम आपके सामने वह अपने जुबान से कह नहीं सकते। उसे कुछ देकर चुप करा दी ना अच्छा है!

जो पतित है, वह पवित्र व्यक्ति को भी अपने समान ही समझता है। वह सोच नहीं पाता कि उसकी आत्मा कितनी पवित्र है। मुरला की बात सुनकर रमा के रोम-रोम से पसीना छूट गया। उसके मन में कभी यह नीच भाव पैदा भी न हुआ था। रमा इतनी डर गई थी कि अब भोग-विलास करने की उसकी इच्छा भी न रही थी। इस समय मुरला की बात उसके हृदय पर तीर के समान लगी। रमा मोटी बुद्धि की थी। स्त्रियों में, खासकर हिन्दू स्त्रियों में, एक बार जो बात हो जाए वह तीर-समान उनके हृदय में उत्तर जाती है। रमा ने सोचा कि उससे सचमुच ही बड़ा अपराध हो गया है। अब तो जहर खाकर या चाकू मारकर मरना ही बेहतर है। चाकू से मरना ही अच्छा होगा! लेकिन बाद में उसके पुत्र का क्या होगा? फिर वह अपने मन में सोचने लगी कि अगर वह इस बार मुसलमानों से बच जाएगी, तो राजा के आने के बाद आत्महत्या कर लेगी। मुसलमानों से बचना अब कठिन है, पर गंगाराम के पास किसी को न भेजेगी। अतएव रमा ने न तो गंगाराम को संदेश भेजा, न ही मुरला को उसके पास भेजा।

मुरला अब आती न थी, न ही रमा उसे बुलाती थी। गंगाराम बेचैन हो उठा। उसकी नींद हराम हो गई। यह मुरला की खोज करने लगा। मुरला राजभवन की दासी थी वह बाहर न आती

थी, केवल रानी की आज्ञा से गंगाराम की खोज में बाहर आती थी। अन्त में एक स्त्री को दूती बनाकर मुरला के पास भेजा पर रमा के पास भेजने की हिम्मत न पड़ी।

मुरला आई, पूछा—"क्यों बुलाया है?"

गंगाराम—"अब खबर नहीं ले जाती, क्यों?

मुरला—"आप खबर देते ही कहाँ हैं? हम लोगों पर आपका विश्वास नहीं है।"

गंगाराम—"अच्छा तो मैं ही कह आता हूँ।"

मुरला—"उससे जितना फल होगा, भगवान को नैवेद्य चढ़ाने से उसका आठगुना होगा।"

गंगाराम—"वह अब कैसी हैं?"

मुरला—"छोटी रानी अब ठीक हो गई हैं।"

गंगा—"क्या बीमार थीं जो ठीक हो गई हैं!

मुरला—"जानते नहीं, सनक की बीमारी थी।"

गंगा—"वह कैसे?

मुरला—"नहीं तो क्या तुम अंत:पुर के अन्दर जा सकते थे?"

गंगा—"क्यों, उसमें क्या है?"

मुरला—"तुम क्या वहाँ जाने योग्य थे?"

गंगा—"तब मैं काहे के योग्य था?"

मुरला—"इस फटे आँचल को! पिता के घर ले जा सको तो मुझे ले चलो। बहुत दिनों से मैने माँ-बाप को देखा नहीं है।"

यह कहकर मुरला चली गई। गंगाराम ने समझ लिया कि अब कुछ आस नहीं है। किन्तु आस न होने से काम तो नहीं चलता! जब तक पाप करने की शक्ति रहती है, तब तक मनुष्य पाप करने का इच्छुक रहता है—पाप करने से पीछे नहीं हटता और उसे भरोसा रहता है। 'पृथ्वी' पर जितने पाप हैं, सब मैं करूँगा, पर रमा को न छोड़ूगा! यह दृढ़ निश्चय कर गंगाराम ने अपने घर की राह ली गंगाराम उस रात सीताराम और रमा के सर्वनाश के उपाय सोचता रहा।

[8]

बहुत दिनों बाद जयन्ती और श्री विरूपा नदी के किनारे ललितगिरि की हस्तिगुफा में आई। पाठकों को याद होगा कि महात्मा जी ने उन्हें कुछ समय बाद आने को कहा था, सो उन्होंने आकर प्रणाम किया।

उस महापुरुष ने जयन्ती से भेंट की, पर श्री से नहीं। जयन्ती अकेली गुफा में गई और श्री विरूपा के किनारे टहलती रही। यह पर्वत के शिखर पर चढ़कर पृथ्वी की शोभा देखने लगी तब तक जयन्ती लौट अई। महापुरुष ने क्या कहा, यह पूछे बिना ही श्री बोली—"पक्षियों का कलरव कितना मधुर जान पड़ता है! कान तृप्त हो जाते हैं।"

जयन्ती—"क्या स्वामी के कंठ-समान?"

श्री—"इस नदी के मरमर शब्द के समान।

जयन्ती—"स्वामी के कंठ-समान भी कुछ हो सकता है?"

श्री—"न जाने कब से स्वामी का कंठ सुनने को नहीं मिला उसका तो अब ध्यान ही नहीं!" हाय, सीताराम!

जयन्ती यह जानती थी। याद दिलाने के लिए ही तो उसने यह बात कही थी। उसने फिर याद दिलाने के लिए बात छेड़ी "क्या अब सुनने पर भी वह वैसा सुन्दर न लगेगा?"

"तुम मेरी मृत न समझी! मैं यह कब कह रही हूँ कि तुमने मेरे लिए अपने मन में कोई सीधा मार्ग निश्चित कर लिया है? मेरा कहने का मतलब है कि जिस श्री के लिए उन्होंने देश का कोना-कोना छान लिया है, वह श्री अब कहाँ है—तुम्हारे हाथ से उसकी मृत्यु हो चुकी है! अब तो तुम्हारी शिष्या बची है। उसे लेकर राजा क्या करेंगे? रानी बनने योग्य मैं नहीं हूँ।"

जयन्ती—"मेरी शिष्या को सुख-दुःख कैसा! (हंसती हुई) धिक्कार है ऐसे विवाह को!"

श्री—"मुझे सुख-दुःख न सही, पर उन्हें तो है! जब वे देखेंगे कि पहले की श्री मर गई और उसके शरीर में एक अन्य नारी उन्हें छल रही है, तो क्या उन्हें दुःख न होगा?"

जयन्ती—"हो भी सकता है, नहीं भी! इन सब बातो में कुछ नहीं रखा। जिस अत्यन्त सुन्दर कृष्ण के चरण-कमलों में हमने कदम रखा है, उनको छोड़कर कहीं और हमारे मन नहीं लगते हैं। लग पाए तो सब काम ठीक ही होंगे। इस समय चलो, तुम्हारे स्वामी का या जिसका भी हो, शुभ-साधना करना है। अत: हम शीघ्र ही प्रस्थान करेंगे।" जितनी देर बातें होती रहीं, जयन्ती दो त्रिशूल हाथ में लिये खड़ी रही। ये त्रिशूल कैसा है? मंत्रयुक्त है।"

जयन्ती—"महापुरुष ने हमें भैरवी-वेश में जाने को कहा है। ये दो त्रिशूल दिये हैं; दोनों भैरवी-रूप बनाकर त्रिशूल हाथ में लेकर विरूपा की तटवर्ती पगडण्डी से गंगा की ओर चल पड़ीं। वे प्रकृति की महिमा का वर्णन करती चली जा रही थीं; किसी एक की भी जुबान पर सीताराम का नाम न आया। पाठक कदाचित् इन दोनों को डाकिनी श्रेणी में मानें तो उनके साथ ग्रन्थकार भी पूर्ण सहमत हैं।

[9]

बन्देअली नामक भूषणा के एक साधारण मुसलमान ने एक सम्पन्न परिवार की मुसलमान स्त्री को घर से भगाकर उसके साथ निकाह कर लिया था। असल पति ने जाकर बलपूर्वक हारी हुई अपनी सीता का उद्धार करना चाहा। किन्तु वह बीबी को लेकर मुहम्मदपुर भागकर वहीं बस गया। गंगाराम से उसकी पुरानी जान-पहचान थी। उसी के ज़िद करने पर वह सीताराम की नागरिक सेना में सिपाही भर्ती हो गया। गंगाराम का वह बड़ा विश्वासपात्र था। गंगाराम ने उसी के द्वारा तोराब खाँ को एक संदेश कहलवाया कि चन्द्रचूड़ महाधूर्त है—चन्द्रचूड़ का यह कहना कि एक लम्बी रकम दो, केवल

आपको ठगना ही है! वह चाहता है कि कुछ समय निकल जाए और सीताराम आ जाएँ। राजधानी उनके हाथ में नहीं है वे चाहें तो भी नगर को फौजदार के हाथ में नहीं सौंप सकते। किन्तु मैं फौजदार साहब के साथ बात करना चाहता हूँ। मेरे साथ सीधे बात न होने से आपका काम न चलेगा। किन्तु मैं भी आपके पास जाने का साहस नहीं करता। फौजदार साहब के अभय देने पर जा सकता हूँ।

गंगाराम के लिए यह सौभाग्य की बात थी कि बन्देअली की बहन तोराब खाँ की प्यारी बेगम थी; अत: फौजदार से मिलने में उसको मुश्किल न पड़ी। बात तय हो गई, गंगाराम अभयदान पा गया।

तोराब खाँ ने अपने हाथ से पत्र लिखा कि तुम्हारे सब कसूर माफ हुए। कल यहाँ पहुँचना! बन्देअली भूषणा से लौटा। जिस नाव से वह पार हुआ, उसी से चाँदशाह फकीर भी आ रहा था। फकीर बन्देअली से बात करने लगा। फकीर ने भूषणा के बारे में पूछा तो बन्देअली ने एक बार में सब खबर सुना डाली। फकीर सीताराम का हितैषी था, इसलिए उसने मन-ही-मन खोज करते रहने का संकल्प किया।

श्री चुप रही। कुछ देर बाद उसने आँख उठाकर जयन्ती से पूछा—"क्यों, महाराज ने मुझे पतिदर्शन की आज्ञा दे दी है?"

जयन्ती—"तुम्हें तो जाना ही है, मुझे भी साथ जाने को कहा है।"

श्री—"क्यों?"

जयन्ती—"उन्होंने कहा है, इससे शुभ होगा!"

श्री—"बहन, अब मुझे शुभ-अशुभ, सुख-दुःख से क्या लेना है?"

जयन्ती—"समझती क्यों नहीं? तुम्हें आज भी समझाना पड़ेगा?"

श्री—"मैं समझ नहीं पा रही।"

जयन्ती—"शुभाशुभ का फल विचार कर ही उन्होंने ऐसा करने को कहा है। उनकी किसी भी आज्ञा में स्वार्थ नहीं होता तुम्हारे सम्बन्ध में भी नहीं है।"

श्री—"समझ गई! इस समय जाने से पतिदेव के कल्याण की संभावना होगी।"

जयन्ती—"उन्होंने न तो कुछ स्पष्ट कहा है, न ही गोलमाल। वे हमसे अधिक बात करना नहीं चाहते। उनका जो तात्पर्य है, वह मैं समझती हूँ। तुमने भी मेरे साथ इतने दिनों में जो सीखा है, उससे सही समझी हो!"

श्री—"तुम्हें क्यों जाना पड़ेगा?"

जयन्ती—"यह तो नहीं बताया, बस जाने को कहा है। मैं क्यों न जाऊँगी, अगर तुम चलोगी तो?

श्री—"यही सोच रही हूँ।

जयन्ती—"सोच क्या रही हो? पति के प्राण लेने की बात सोच रही हो?"

श्री—"नहीं, उससे अब मुझे भय नहीं है।"

जयन्ती—"क्यों नहीं है? मुझे बताओ यह जानकर ही मैं चलूँगी।"

श्री—"कौन किसे मारता है? मारने वाला एक ही है जो उनके प्राण लेगा, उसकी अवश्य मृत्यु होगी—मेरे हाथ से या किसी दूसरे के हाथ से! एक दिन तो मरना है ही! मैं अपनी इच्छा से उन्हें न मारूँगी। होनी ने जैसा भाग्य में लिखा है, वैसा ही होगा। मैं चाहे वन-वन फिरूं या समुद्र-पार चली जाऊँ, अगर मेरे हाथ से ही उनकी मृत्यु लिखी है तो होनी को कौन रोक सकता है? मैं होशियारी से हर काम करूँगी। फिर भी यदि उन पर संकट आ जाए तो मुझे उससे कुछ कष्ट न होगा।"

सीताराम! तुम किसके लिए मारे-मारे घूमते हो! जयन्ती मन-ही-मन खुश हुई और बोली—"तब क्या विचार है?"

श्री—"सोचती हूँ, जाने पर अगर वे न छोड़ें तो?'

जयन्ती—"जन्म-कुण्डली पर अगर अब विश्वास नहीं रहा, तो अब वे छोड़ेंगे ही क्यों? या तुम आओगी ही क्यों?

श्री—"मैं क्या अब उनके बाईं ओर बैठने योग्य हूँ?"

जयन्ती—"एक हजार बार! जब तुमको स्वर्णरेखा के प्रांतभाग अथवा वैतरणी के तीर पर मैने पहली बार देखा था, उससे लाखगुना रूप निखर आया है। क्या तुम्हें पता नहीं?"

श्री—"छी:! छी:! ?

जयन्ती—"गुण कितने बढ़ गए हैं, ये भी नहीं जानती? कौन राज-महिषी गुणों में तुम्हारे समान है?"

[10]

गंगाराम ने फौजदार से एकान्त में भेंट की। फौजदार ने उसे किसी तरह का भय न दिया। मुहम्मदपुर के मुख्य द्वार तक सेना पहुँच जाने के बाद मुख्य द्वार खोल देने का काम गंगाराम का था।

फौजदार—"किले तक पहुँचने पर तुम द्वार खोल दोगे; पर मृण्मय के पास बहुत सिपाही है। रास्ते में" वह नदी पार करते समय जरूर युद्ध करेंगे। युद्ध में जय-पराजय दोनों ही सम्भव है। यदि युद्ध में हम जीत गए तो तुम्हारे बिना भी हमारा काम चल जाएगा; अगर हार गए तब भी तुम्हारी सहायता कुछ काम न आएगी।

गंगा—"दक्षिणी-मार्ग से दूर जाकर नदी को पार करना होगा। उत्तरी-मार्ग से पार करने पर किले के सामने ही सेना लेकर आएँ। मृण्मय इस पर विश्वास भी करेगा, क्योंकि किले के सामने से नदी पार करना कठिन है। इसलिए वह भी दक्षिण-मार्ग पर सेना लेकर जाएगा। आप उसी समय उत्तरी-मार्ग अपनी सेना लेकर किले के सामने से नदी पार कर लेना। उस समय किले में तो सेना न रहेगी, अत: आप आसानी से ही नदी पार कर किले में प्रवेश पा जाएँगे।

फौजदार—"अगर मृण्मय ने दक्षिण की ओर जाते हुए सुना कि हम उत्तर की ओर से जा रहे हैं, तो वह उस रास्ते लौट सकता है।

गंगाराम—"आप आधी सेना उत्तर से तथा आधी सेना दक्षिण से ले जाना। जो सेना उत्तर से जाएँ, उसका किसी को पता न चले। इस सेना को रात में भेजकर जंगल से कुछ दूर छिपाकर रखना ही अच्छा होगा। इसके बाद मृण्मय के सेना सहित दूर निकल जाने पर नदी पार करना आसान होगा। मृण्मय की सेना आप दोनों की सेना के बीच पड़कर पिस जाएगी।"

फौजदार उसकी सलाह से खुश होकर बोला—"तुम हमारा भला चाहते हो, लेकिन किसी लालच के कारण ही! बोलो, बदले में क्या चाहते हो?"

गंगाराम ने मन में चाहे पुरस्कार की ही इच्छा की हो। यह कहना न होगा कि रमा को ही पुरस्कार-स्वरूप वचन पाकर गंगाराम विदा हुआ। वह न जानता था कि चाँदशाह फकीर उसके पीछे लगा हुआ है।

[11]

संध्या समय गुजारकर गंगाराम ने चन्द्रचूड़ को बताया कि दक्षिण से मुसलमान सेना आक्रमण करेगी। तब मृण्मय ने सेना ली और उसी रात में दक्षिण-मार्ग की ओर चल पड़ा, जिससे यवन सेना नदी पार न कर सके।

राजधानी में युद्ध की तैयारियाँ होने लगीं। मृण्मय पहले ही तैयार थे। सो वे दक्षिण की ओर चल दिये। गढ़ में जो थोड़े सिपाही छोड़ गए, वे गंगाराम की आज्ञा के अधीन थे।

यह समाचार रमा को भी मिला। मुरला—"रानी, अब पिता के घर भाग जाने का प्रबन्ध करो!"

रमा—"मरना होगा तो यहीं मरूँगी, पर कलंक के मार्ग पर न चलूँगी!" तुम एक बार गंगाराम के पास जाओ! उन्होंने मेरे पुत्र की रक्षा का वचन दिया था। उन्हें याद दिला आओ। ताकि समय आने पर रक्षा हो सके। मेरे साथ अब किसी तरह उनकी भेंट न हो, कह देना!"

मुरला आज्ञा पाकर गंगाराम के पास गई। गंगाराम उस समय घर में अकेला बैठा रमा को पाने की इच्छा से समुद्र में कूदने की बात पर सोच-विचार कर रहा था; पर वह सोचकर भी कुछ निश्चित न कर पाता था। ऐसे इन्सान को भगवान भी सहारा नहीं देते हैं। किन्तु वह कहता है—जगदीश्वर जो करें! पर गंगाराम यह भी नहीं कह सकता था। क्योंकि वे किन्तु कहता है माया के विरुद्ध है। अतः गंगाराम उदास होकर चिन्ता से कातर हो रहा था। इसी समय मुरला आती दिखाई दी। रमा को भेजा हुआ सन्देश उसने कह दिया।

गंगाराम—"कहो तो अभी बच्चे को ले आऊँ?"

मुरला—"जी नहीं! जब मुसलमान सैनिक नगर में प्रवेश करें, तब आप उसकी रक्षा करें। यही रानी का अभिप्राय है।"

गंगाराम—"उसी समय क्या होगा, कौन कह सकता है! यही समय ठीक है चाहो तो बच्चे को मुझे दे दो।

मुरला—"मैं उसको ले आऊँ?"

गंगाराम—"नहीं, उनसे बहुत कुछ कहना है।"

मुरला—"अच्छा, पूस के महीने में।"

यह कहकर मुरला हँसती हुई चली गई पर हँसते-हँसते अचानक मुरला की हँसी गायब हो गई। उसने देखा कि दो नारी मूर्तियाँ प्रभात के शुभ नक्षत्र की तरह त्रिशूल लेकर खड़ी है। मुरला उनको भगवती की अनुचरी समक्ष भूमि पर लेट कर प्रणाम करके, हाथ जोड़कर खड़ी हो गई।

एक भैरवी ने डाँटकर पूछा—“तू कौन है?”

मुरला गिड़गिड़ाकर बोली—“मैं मुरला हूँ।”

भैरवी—“मुरला कौन?”

मुरला—“मैं छोटी रानी की दासी हूँ।”

भैरवी—“नगरपाल के घर इतनी रात को क्या कर रही थी?”

मुरला—“महारानी ने भेजा था।”

भैरवी—“सामने वह मन्दिर देख रही हो?

मुरला—“हाँ; क्या आज्ञा है?”

भैरवी—“वहाँ चलो, हमारे साथ!”

तब दोनों भैरवी मूर्तियाँ मुरला को त्रिशूलों के फलकों के मध्य में रखकर मन्दिर में ले गईं।

[12]

चन्द्रचूड़ को उस रात नींद न आई। उन्होंने रात नगर में घूम-घूमकर देखा कि नगर-रक्षा का कोई उद्योग नहीं है। गंगाराम से पूछने पर भी उससे रूखा-सा उत्तर पाया। तब चन्द्रचूड़ अत्यन्त संतप्त चित्त से कुशासन पर बैठकर भगवान का ध्यान करने लगे। तभी चाँदशाह फकीर ने आकर गंगाराम के भूषाण जाने की बात सुनाई। चन्द्रचूड़ यह बात सुनकर सिहर उठे। एक बार सोचा कि कुछ सिपाही भेजकर। गंगाराम को कैद कर नगररक्षा का भार किसी और को सौंप दें; फिर सोचा— सिपाही उसी के अधीन है, अत: इसमें सफल होना कठिन है। मृण्मय के होने पर ऐसा न होता। सारी सेना उसी के अधीन है, पर उसे तो बाहर भेजकर उन्होंने सर्वनाश को बुला लिया है। इस चिन्ताजनक समय में वे भगवान को याद करने लगे। तभी एकाएक उन्होंने सामने त्रिशूलधारी भैरवी को आते देखा।

चन्द्रचूड़ ने हैरानी से पूछा—“तुम कौन हो माँ?”

भैरवी—“शत्रु निकट है, पर इस नगर की रक्षा का कोई उद्योग नहीं है—यही तुमसे पूछने आई हूँ।”

मुरला से जयन्ती ने बात की थी चन्द्रचूड़ के साथ भी वही बातें कर रही थी। प्रश्न सुनकर चन्द्रचूड़ बोले—“तुम क्या इस नगर की राज-लक्ष्मी हो, माँ?”

जयन्ती—“मैं कुछ भी होऊँ! मेरी बात का ठीक जवाब दो, नहीं तो ठीक न होगा।”

चन्द्रचूड़—“माँ! मेरे वश में कुछ नहीं है। राजा नगर-रक्षा का भार नगरपाल को दे गये थे—वह नगर की रक्षा नहीं करता। सेना मेरे वश में नहीं है। मैं क्या करूँ, आज्ञा दें!”

जयन्ती—"नगर-रक्षक का गुप्त समाचार आपने कुछ सुना? किसी प्रकार के विश्वासघात का काम सुना?

चन्द्रचूड़—"सुना है, वह तोराब खाँ से मिलने गया था। लगता है, वह उनको नगर सौंप देगा! अपनी दुर्बुद्धिवश मैंने उसका कोई उपाय नहीं किया। माँ, लगता है आप इस नगर की लक्ष्मी हैं! आपने भैरवी-वेश में दर्शन दिया है, इसीलिए आप तेजस्विनी होकर इसकी रक्षा करें!"

यह कहकर चन्द्रचूड़ ने भक्तिभाव से जयन्ती को प्रणाम किया।

जयन्ती—"तब मैं ही इस नगर की रक्षा करूँगी।।

यह कहकर जयन्ती शीघ्रता से वहाँ से चल दी। चन्द्रचूड़ को मन में कुछ भरोसा हुआ। जयन्ती को भी आशा से अधिक लाभ था। श्री बाहर खड़ी थी, उसे लेकर गंगाराम के घर की ओर चल दी।

[13]

मुरला के चले जाने के बाद गंगाराम को अँधेरा ही अँधेरा चारों ओर दिखाई देने लगा। जिसके लिए उसने यह संकट मोल लिया था, उसे तो उससे जरा भी प्रेम न था। वह इस समय समुद्र में कूद रहा है, चाहे वहाँ उसे रत्न मिले या डूब मरना भी पड़े कौन जाने! अन्धकार! चारों ओर अन्धकार! इस समय कौन उसका उद्धार करे!

सहसा गंगाराम के रोंगटे खड़े हो गये। उसने देखा, द्वार पर प्रभात के नक्षत्रसी त्रिशूलधारिणी भैरवी-मूर्ति खड़ी हैं। उसकी कान्ति से घर के दीप की ज्योति मलिन हो गई हैं। साक्षात् भवानी को भूतल पर अवतीर्ण हुई समझकर गंगाराम भी मुरला की तरह सिर नीचा कर खड़ा ही गया और बोला—"माँ! दास के लिए क्या आज्ञा है?"

जयन्ती बोली—"बच्चा! तुम्हारे पास कुछ भिक्षा माँगने आई हूँ।"

भैरवी की बात सुन गंगाराम बोला—"माँ! आप जो चाहेंगी, वही दूँगा। आज्ञा करें!"

जयन्ती—"मुझे एक गाड़ी गोला-बारूद और अच्छा गोलन्दाज दो।"

गंगाराम के मन में बड़ा सन्देह हुआ यदि यह कोई देवी है, तब गोले-बारूद से इनको क्यों मतलब? किसी की गुप्तचर हैं, कौन जाने। यह विचारकर गंगाराम ने पूछा—"माँ, तुम कौन हो?"

जयन्ती—"मैं जो भी हूँ, पर रमा और मुरला से हुई तुम्हारी सब बातें जानती हूँ। इसके अलावा तुम्हारा भूषणा जाना और वहाँ हुई सब बातचीत मैं जानती हूँ। मैं जो चाहती हूँ, वही होगा; नही तो त्रिशूल से तुम्हें मार दूँगी।"

यह कहकर उस तेजस्विनी भैरवी ने चमचमाता त्रिशूल उठाकर उसकी छाती से सटा दिया।

गंगाराम एक बार में ही झुक गया। 'आओ देता हूँ कहकर भैरवी को अस्त्रागार में ले गया। जयन्ती ने जो-जो चाहा, ले लिया और प्यारेलाल नामक एक गोलन्दाज को साथ लिया। जयन्ती के जाने के बाद गंगाराम ने दुर्गद्वार बन्द रखने की आज्ञा दी, ताकि उसकी आज्ञा के बिना कोई आने-जाने न पाए।

जयन्ती और श्री गोला-बारूद लेकर गढ़ के बाहर, जहाँ राजभवन का घाट था, वहाँ जा पहुँची। देखा, एक सुन्दर शरीर वाला मनुष्य वहाँ खड़ा था।

उन दोनों भैरवियों में से एक गोले-बारूद की गाड़ी और गोलन्दाज को साथ लेकर दूर जा खड़ी हुई। एक ने उस तेजस्वी पुरुष के पास जाकर पूछा—"तुम कौन हो?"

वह बोला—"मैं कुछ भी होऊँ, तुम कौन हो?"

जयन्ती बोली—"अगर तुम वीर हो तो यह गोला-बारूद लेकर नगर की रक्षा करो!"

वह पुरुष अचम्भे से चौंक पड़ा। देवी के भ्रम में जयन्ती को उसने प्रणाम किया। फिर कुछ क्षण विचार कर, दीर्घ साँस छोड़ते हुए बोला—"रक्षा करके ही क्या होगा?"

जयन्ती—"तुम क्या चाहते हो?"

पुरुष—"जो चाहता हूँ, वह क्या नगर की रक्षा करने से पाऊँगा?"

जयन्ती—"जरूर पाओगे!" यह कहकर जयन्ती सहसा अदृश्य हो गई।

[14]

चन्द्रचूड़ को उस रात नींद न आई। बहुत सबेरे ही वह राजप्रासाद से निकलकर उच्च शिखर पर खड़े होकर चारों ओर का निरीक्षण करने लगा। देखा, नदी के उस पार, ठीक सामने सब नावें पानी में खड़ी हैं। तट पर बहुत-से मनुष्य खड़े दिखाई दे रहे थे। किन्तु तब भी उतना उजाला नहीं हुआ। अत: कोई उन्हें पहचान न सका। उन्होंने गंगाराम को बुला भेजा।

गंगाराम आदेश पाकर अट्टालिका के शिखर पर जा पहुँचा। चन्द्रचूड़ ने पूछा—"उस पार इतनी नावें किसकी हैं?"

गंगाराम निरीक्षण करके बोला—"क्या जाने!"

चन्द्रचूड़—"देखो, किनारे पर इतनी नावें, इतने लोग जमा है सो क्यों?

गंगाराम—"कह नहीं सकता!"

बातें करते-करते प्रकाश फैल गया। तब पता चला कि वे सब मनुष्य सैनिक हैं। तब चन्द्रचूड़ बोले—"गंगाराम, नाश हो गया! हमारे गुप्तचर ने हमें धोखा दिया। हमने सेना दक्षिण में भेज दी हैं, पर फौजदार की सेना इसी मार्ग से आ रही है। अब रक्षा कौन करेगा?"

गंगाराम—"मैं किसलिए हूँ?"

चन्द्रचूड़—"तुम इतने थोड़े सैनिकों से रक्षा कैसे करोगे? कल भी तुमने मुझे करारा जवाब दिया था। इस समय संकट का सामना कौन करे?"

गंगाराम—"इतना डरो मत! उस पार जो सेना देख रहे हो, वह ज्यादा नहीं है। मैं कुछ सेना लेकर वहाँ जा खड़ा होता हूँ। कुछ नौकाओं से कितने सिपाही पार हो सकते हैं! ज्योंहीं वे पास आएँगे, मैं उनका सामना करूँगा।"

गंगाराम चाहता था कि सेना लेकर बाहर निकल जाए, किन्तु अभी नहीं। पहले फौजदार की सेना बिना रुकावट के पार हो जाए उसके बाद वह सेना लेकर दुर्गद्वार खोलकर बाहर हो जाएगा। द्वार खुला पाकर, मुसलमान सेना बिना रुकावट के अन्दर चली जाएगी। कल जो मूर्ति देखी थी, वह कितनी भयानक थी! कहीं फिर तो कुछ पता नहीं चला?"

चन्द्रचूड़ सब समझ गए। फिर बोले—"तुम शीघ्र जाओ सेना लेकर बाहर निकलो! देर करना ठीक नहीं। नावें सिपाहियों को लेकर पार होने वाली है।

गंगाराम शीघ्रता से छत से उतरा। चन्द्रचूड़ भयभीत होकर देखने लगे। प्रायः पचास नावों पर छः सौ सिपाही चल पड़े थे। वे अत्यन्त व्यग्र होकर देखने लगे कि कब गंगाराम सिपाहियों को लेकर बाहर निकलता है। सब सिपाही सज-धजकर तैयार हो घूम रहे थे, पर बाहर नहीं निकल रहे थे। चन्द्रचूड़ तब समझे—हाय, क्यों गंगाराम पर विश्वास किया। अब तो सर्वनाश सामने है। वह ज्योतिर्मयी राजलक्ष्मी कहाँ है? उसने भी क्या छल किया? चन्द्रचूड़ नीचे उतरने की सोच ही रहे थे, तभी भारी धमाका हुआ। आवाज मुसलमानों की सेना की तरफ से नहीं आ रही थी उनके पास तो किसी तोप का चिन्ह भी न था चन्द्रचूड़ ने गौर से देखा, पर मुसलमानों की किसी भी नाव में तोप का धुँआ दिखाई न दिया। चन्द्रचूड़ ने हैरानी से देखा कि मुसलमानों की एक नाव जल में डूब गई। उसके ऊपर के सिपाही तैरकर दूसरी नाव पर चढ़ने लगे।

"तब क्या यह हम लोगों की तोप है?" यह विचारकर चन्द्रचूड़ ने दूर तक निगाह दौड़ाई। कहीं एक भी सिपाही गढ़ के बाहर निकला नहीं दिखाई दिया। दुर्ग-प्राचीर में जहाँ सब तोपें सजा कर रखी गई है, वहाँ एक भी मनुष्य नहीं है। तब यह तोप किसने दागी?

किसी ओर भी धुँआ दिखाई न दिया। यह देखने के लिए चन्द्रचूड़ चारों ओर देखने लगे। देखा, गढ़ के सामने राजभवन के घाट पर घूम-घूमकर धूम्रराशि आकाश में उठकर, पवन-पथ में अँधेरा छा रही हैं।

तब चन्द्रचूड़ को याद आया इस घाट पर वृक्ष के नीचे एक तोप है। किसी शत्रु की नाव वहाँ आकर न टिक सके, इसलिए सीताराम ने वहाँ एक तोप लगवा दी थी। इस समय कोई उसी में से गोले फेंक रहा है। किन्तु कौन है वह? गंगाराम के सिपाही अभी बाहर नहीं निकले है। मृण्मय के सिपाही बहुत दूर निकल गये हैं। मृण्मय कोई गोलन्दाज इस सेना के लिए छोड़ गया हो, असम्भव है क्योंकि दूसरा व्यक्ति गोला-बारूद कहाँ से पाएगा? ऐसा अचूक निशाना किसी कुशल गोलन्दाज का ही हो सकता है। आखिर वह है कौन? वह यही सोच रहा था कि तोप की आवाज के साथ ही एक और नौका जल में डूब गई।

'धन्य हो! धन्य हो!' यह कहकर चन्द्रचूड़ खुशी से नाच उठा। यह उसी राजलक्ष्मी का काम है—ऐसा उसने मन में विचारा। उसे लगा, आज काली साक्षात् प्रकट हुई हैं। अब तक जिन सिपाहियों की नाव से बन्दूक का निशाना पहुँच सकता था, उन्होंने गोलियाँ चलानी शुरू कर दीं। धुएँ से नदी पर अँधेरा छा गया और घोर गर्जन से कानों के पर्दे फटने लगे। चन्द्रचूड़ ने सोचा, जब भगवान, हमारे रक्षक हैं तो ये गोली-वर्षा इस राजलक्ष्मी का क्या कर सकेगी? और अगर वे भी मनुष्य हैं, तो हमारा अन्त निश्चित है! इस अग्नि-वर्षा में कोई मनुष्य टिक नहीं सकता फिर तोप गरजी और दिशाएँ काँप उठीं। इसके साथ ही एक नौका और जल में डूब गई।

एक ओर एक तोप और दूसरी ओर हजारों मुसलमान सैनिक दोनों में घमासान युद्ध होने लगा। नदी पर धुएँ से अँधेरा छा गया। चन्द्रचूड़ उस उच्च महल पर चढ़कर देखने लगे। वे देखना चाहते थे कि इस भीषण संग्राम का परिणाम क्या होगा?

धीरे-धीरे वहाँ शान्ति छाने लगी। मुसलमान सेना जो डूब चुकी थी। नदी में उनके शव बहते हुए नजर आ रहे थे। आहत और मूर्छित सिपाहियों के शरीरों से नदी का जलप्रवाह, आँधी-पानी के झोंके की शान्ति के बाद पल्लव-कुसुम-समाकीर्ण के समान मनोरम दिखाई दे रहा था। किसी के अस्त्र, किसी के शस्त्र, किसी की पगड़ी आदि बहते जा रहे दिखाई दे रहा था। एक वज्र के प्रहार से यवन सेना, मुसलमान सेना मैदान छोड़कर भाग निकली।

यह देखकर चन्द्रचूड़ हाथ जोड़कर गद्गद कंठ से सजल नयन होकर बोले—"हे भगवान! भक्तवत्स, धर्मरक्षक हरि! आज आपने बड़ी दया की। आज आपने स्वयं सशरीर हमारी रक्षा की है। या इस नगर की राजलक्ष्मी ने युद्ध किया है, या तुम्हारा दासानुदास सीताराम आ गया

है। तुम्हारे उस भक्त के अलावा और किसी के वश का यह काम नहीं है! तब चन्द्रचूड़ महल से नीचे उतर आयें।

[15]

तोप की धाँय-धाँय सुनकर गंगाराम ने सोचा, आखिर बात क्या है? कहीं वह डाकिनी तो नहीं है? गंगाराम ने एक जमादार को खबर लाने के लिए भेजा। जमादार बाहर आ गया। उस दिन तभी पहली बार फाटक खुला।

जमादार ने लौटकर बताया—"मुसलमान लड़ रहे हैं।"

गंगाराम—"यह तो मैं भी जानता हूँ, पर किससे लड़ रहे हैं?"

जमादार—"किसी के साथ नहीं।

गंगाराम—"ऐसा कैसे हो सकता है? तोप किसकी है?"

जमादार—"किसी की नहीं! यह तो देख न सका।"

गंगाराम—"आँखे कहाँ थीं?

जमादार—"हुजूर, साथ ही थीं।"

गंगाराम—"अच्छा, उस तोप को कौन चला रहा है?"

जमादार—"पेड़ की डालें।"

गंगाराम—"तू सठिया तो नहीं गया है?"

जमादार—"वहाँ कोई दिखाई नहीं देता, केवल पेड़ की डालें झुकी हुई दिखाई देती है।"

गंगाराम—"तब कौन है जो उन झुकी हुई डालों में छुपकर तोप दाग रहा है? वह अवश्य ही बुद्धिमान है। यहाँ से वह तो निशाना लगा सकता है, पर दुश्मन उसको लक्ष्य नहीं कर सकता है। तू देखकर क्यों नहीं आया कि वहाँ कौन छुपा खड़ा है?"

जमादार—"वहाँ जाने की हिम्मत किसमें है?"

गंगाराम—"क्यों

जमादार—"वहाँ तो गोलियाँ बरस रही है।

गंगाराम—"गोली से इतना डर था तो फौज में क्यों भर्ती हुए?"

तब गंगाराम ने अंगरक्षक को आज्ञा दी कि जमादार की पोशाक उतार लो। मृण्मय ने कितने ही अच्छे जवानों को नियुक्त किया था कि उन्हें दुर्ग रक्षा के लिए छोड़ दिया जाए। गंगाराम ने उन

भोजपुरी जवानों में से चार को आज्ञा दी कि घाट पर जाकर देखें और जो भी व्यक्ति तोप दाग रहा है, उसे पकड़ लाएँ।

वे चारों सिपाही जब तोप क पास पहुँचे तो देखा कि युद्ध तो खत्म हो चुका है। वहाँ एक आदमी मरा पड़ा है, दूसरा उसके पास हाथ में पलीता लिये बैठा है। वह जवान है, धोती की दोहरी बाँध है; सिर, चेहरे और कपोलों तक पगड़ी का ढाटा कसकर बाँधा हुआ है। सब कुछ बारूद और राख से काला हो गया है। चारों सैनिकों ने आकर उसे पकड़ लिया और बोले— "कौन है तू?"

वह बोला—"क्यों भाई? क्या बात है?" "तुम यहाँ बैठे-बैठे तोप क्यों दाग रहे हो?"

"क्या इससे कुछ नुकसान होता है? तुम क्या मुसलमानों के हितैषी हो?"

"मुसलमानों के आने पर हम उन्हें अभी खदेड़ देते; तुम क्यों ऊधम मचाए हुए हो? चलो, दरबार में!"

किसके पास?"

"कोतवाल साहब का हुक्म है। उन्हीं के पास जाना होगा।"

"अच्छा ठीक है! पर शत्रुओं को भाग जाने दो। जब तक एक व्यक्ति भी उस पार दिखाई देगा, तब तक तुम क्या, तुम्हारे कोतवाल के आने पर भी मैं न उठूँगा। हाँ, यह जो आदमी मर गया है, इसे पहचानते हो?"

सिपाही उसे देखकर बोले—"हाँ, यह तो गोलन्दाज प्यारेलाल है! यहाँ कैसे आया ये भाई?"

"पहले इसे गढ़ के भीतर ले जाओ मैं पीछे आता हूँ।"

सिपाही आपस में बातें करने लगे—"ठीक तो कहता है। हमें तोप के पास रहने वाले आदमी को लाने का ही तो हुक्म दिया गया था इसी मुरदे को ले जाना ठीक होगा

किन्तु लाश को तो हिन्दू सिपाही न छुएँगे! तब सलाह करके एक सिपाही डोम को बुलाने चला गया और बाकी इन्तजार करने लगे।

बारूद से काले हुए इस पुरुष ने देखा, धीरे-धीरे सभी मुसलमान सिपाही उस पार चले गए हैं। तब उसने कहा—"चलो, मैं भी तुम्हारे कोतवाल को चलकर देखूँ!" सिपाही उसे पकड़कर ले गए।

सुसज्जित दुर्गरक्षक सेना के बीच, जहाँ डरे हुए, नागरिक भली-भाँति कतार बाँधे खड़े थे, वहीं इस बारूद से झुलसकर काले हुए आदमी को लाकर खड़ा कर दिया गया।

सहसा जयध्वनि से आकाश गूँज उठा। उस इकट्ठी हुई सेना और अपार नागरिक समूह ने सहसा जयघोष किया "जय, महाराज की जय!

"जय, महाराजाधिराज की जय!"

"श्री सीताराम राय राजबहादुर की जय!"

"जय, लक्ष्मी-नारायण की जय!"

चन्द्रचूड़ ने दौड़कर उस आदमी का आलिंगन कर लिया। उस पुरुष ने भी झुककर उनकी पदधूलि ग्रहण की।

चन्द्रचूड़ बोले—"मैं तो पहले ही जानता था कि इस लोक में तुम्हारे सिवा और कोई इतना अचूक निशाना नहीं साध सकता। अन्य बातें करने से पहले गंगाराम को बाँधकर लाने की आज्ञा दे दो!

सीताराम ने आज्ञा दे दी। सीताराम को देखकर गंगाराम खिसकना ही चाहता था, किन्तु उसे शीघ्र पकड़कर कारागार में डाल दिया गया।

[16]

तब सीताराम तमाम सिपाहियों को दुर्ग-प्राचीर पर सजी हुई तोपों के समीप अन्य उपयुक्त स्थानों पर नियुक्त कर मृण्मय का समाचार लाने के लिए भेजकर स्वयं स्नानादि से निवृत्त होने चले गये। नित्य कर्मों से छुट्टी पाकर वे चन्द्रचूड़ से एकान्त में बातचीत करने लगे। चन्द्रचूड़ ने पूछा—महाराज! आप कब आये और अकेले कैसे? हम कुछ न जान सके। आपके अन्य सहायक कहाँ हैं? मार्ग में कोई और संकट तो नहीं आया?...

सीताराम "साथियों को पीछे छोड़कर मैं अकेला ही आगे बढ़ आया हूँ। मेरी गैरहाजिरी में इस मैं राज्य की क्या हालत है, यह देखने के लिए मैं वेश बदलकर अँधेरी रात में आया था। देखा, नगर पूर्णरूप से खतरे में है। ऐसा क्यों था, उस समय मैं न जान सका; पर अब समझ रहा हूँ। इस दुर्ग के निकट आकर देखा, फाटक बन्द है। तब दुर्ग के अन्दर न जाकर प्रातः नदी के किनारे जा पहुँचा। वहाँ देखा कि मुसलमान सेना की नावें नदी पार कर रही थी, पर दुर्ग के रक्षक रक्षा का उद्योग नहीं कर रहे थे। तब अपने से जो बन पड़ा, वही किया।"

चन्द्रचूड़—"अकेले इतना सफल मुकाबला करने का आपके सिवा और किसमें साहस था! पर इतना गोला-बारूद कहाँ से आया?"

सीताराम—"एक देवी ने सहायक बनकर मुझे गोला-बारूद लाकर दिया।"

चन्द्रचूड़—"उस देवी के दर्शन मैंने भी किया था। वे राजलक्ष्मी कहाँ गई?"

सीताराम—"मुझे गोला-बारूद देकर अन्तर्धान हो गई। अब इन बीते हुए दिनों का हाल बताओ!"

तब चन्द्रचूड़ ने, जो कुछ उन्हें मालूम था, सब सीताराम को कह सुनाया। अन्त में बोले—"जिस काम से आप गये थे, वह बना कि नहीं?"

सीताराम—"श्री जगन्नाथ स्वामी की कृपा से कार्य सिद्ध हो गया है। सौभाग्यवश बादशाह का एक उपकार मुझसे हो गया। इसी से खुश होकर उन्होंने मुझे बारह जमींदारों के ऊपर शासन प्रदान कर महाराजधिराज की उपाधि की सनद दे दी है। पर दुर्भाग्य से अब फौजदार के साथ विरोध हो गया है। फौजदार बादशाह के अधीन होता है। उससे विरोध करना बादशाह से विरोध करना है। जिन्होंने मुझ पर कृपा-दृष्टि की है, उनके विरुद्ध हथियार उठाना सरासर घृणा योग्य कार्य है। आत्मरक्षा सबका कर्त्तव्य है, किन्तु आत्मरक्षा के अलावा फौजदार के साथ युद्ध करना हमारे ठीक नहीं है। इस विरोध का प्रभाव दूर तक पड़ेगा!

चन्द्रचूड़—"यह आपका भ्रम है। हम लोगों का, यानी हिन्दूमात्र का यह परम सौभाग्य है, क्योंकि मुसलमानों के प्रति खुश होने पर दुश्मनों से हिन्दुओं की रक्षा कौन करेगा? हिन्दू-धर्म फिर कैसे रहेगा? यह तो आपके लिए सौभाग्य की बात है कि जो आज हिन्दू-धर्म का पुनरुद्धार करेगा, वही मनुष्यों में कर्मयोगी और सौभाग्यशाली होगा।"

सीताराम—"मृण्मय का समाचार बिना पाए क्या किया जाए, कुछ समझ में नहीं आता।"

शाम के बाद मृण्मय का समाचार मिला। पीरबख्श खाँ नामक सेनापति फौजदार की आधी सेना लेकर आ रहा था। आधे रास्ते में मृण्मय के साथ उसकी मुठभेड़ हुई। मृण्मय ने पीरबख्श खाँ को सेना-सहित हराकर युद्ध में मार दिया। विजयी मृण्मय सेना-समेत वापस लौट रहा था।

यह सुनकर चन्द्रचूड़ सीताराम से बोले "महाराज! अब देर कैसी? इसी समय विजयी सेना लेकर नदी पार जाकर भूषणा पर अधिकार कर लो!"

[17]

जयन्ती बोली—"श्री, अब क्या सोच रही हो? स्वामी के साथ भेंट करने का यही उचित अवसर है।"

श्री—"क्या इसी कारण यहाँ आई हूँ?"

जयन्ती—"मनुष्यों में राजर्षि श्रेष्ठतम होते हैं। राजा को राजर्षि बनने की प्रेरणा दो!

श्री—"मेरे लिए क्या यह साध्य है?"

जयन्ती—"मैं समझती हूँ, तुम्ही से यह महान, कार्य हो सकेगा; अतः राजा को जाकर प्रणाम करो! **

श्री—"जयन्ती! सोला काठ जल में तैरता तो है, पर पत्थर के साथ बँध जाने से जल में ही डूब जाता है। क्या मैं डूब मरूँ?"

जयन्ती—"उस कला को जान लेने पर डूबना नहीं पड़ता। डुबकी लगाने वाले समुद्र में डूबते नहीं, बल्कि रत्न निकाल लाते हैं?

श्री—"मेरे लिए यह ठीक होगा, मुझे यकीन नहीं आता। इसलिए इस समय मैं राजा से भेंट न करूँगी। कुछ दिन यहाँ रहकर अपने मन को तोलूँगी। अगर अपने मन को काबू होते न देखा तो बिना भेंट किये वापिस लौट जाऊँगी।"

अत: श्री ने राजा से भेंट न की।

तृतीय खण्ड

[1]

'भूषणा' पर अधिकार हुआ और सीताराम विजयी हुए। बादशाही सनद के प्रभाव तथा अपने बाहुबल से सीताराम ने बंगाल की बाहरी जमींदारियों पर अधिकार कर लिया। महाराज की उपाधि धारण कर अत्यन्त लगन तथा कौशल से राज्य करना शुरू किया।

शासन-व्यवस्था में सबसे पहले गंगाराम के मुकद्दमे की बात उठी। सती साध्वी रमा ने मन में बिना किसी कपट भाव के, पति के सामने सब वृतान्त कह सुनाया। जो बाकी बचा, वह मुरला और चाँदशाह फकीर ने बताया। अब केवल गंगाराम की जुबानी सुनना शेष रह गया था, इस बात को लेकर खूब गड़बड़ी पैदा हो गई।

रमा ने सभी बातें अन्तःपुर में सीताराम से, रोते-रोते कह दीं। सीताराम समझ गए कि रमा सरल-हृदया निरपराधिनी है। केवल पुत्र-स्नेह के वशीभूत होकर उससे यह अपराध हो गया है। पर साधारण नागरिकों ने ऐसा न सोचा। गंगाराम को क्यों कैद किया गया? इस बात को लेकर बहुत तूफान मच गया। कुछ मुरला की बेतुकी बातें और कुछ पांडे की गप्पों के कारण गंगाराम के साथ लोग रमा का नाम जोड़ने लगे। कोई कहता कि वह गंगाराम मुसलमानों को राज्य बेच रहा था। कोई कहता कि वह छोटी रानी के महल में पकड़ा गया है। जिसके मुँह में जो आता, वही कहता। रनिवास में भी यह बात पहुँच गई; दोनों रानियों को भी इस बात का पता लग गया। रमा ने तो रो-रोकर हाल-बेहाल कर लिया। उसने गले में फाँसी लगाकर या जल में डूबकर आत्महत्या करने का संकल्प किया। ऐसे समय में नन्दा ने बुद्धिमानी का कार्य किया।

नन्दा उसे खोजते-खोजते वहीं पहुँच गई और बोली "तुमने ये बेसिर-पैर की बातें सुनी?"

रमा ने स्वीकृति में सिर हिला दिया और आँखों से सावन-भादों की झड़ी लगी रही।

नन्दा प्यार से उसके आँसू पोंछते हुए बोली—"रो मत बहन रोने से भी कहीं माथे का कलंक धुलता है! कलंक कैसे धुल सकता है उसका उपाय करना होगा। पहले तू उठकर बैठ और मुझे सच-सच सब कुछ बता दे! तुम्हें कलंक लगे या न लगे, पर राजा का सिर नीचा हो चुका है। वे तुम्हारे ही नहीं, हम दोनों के स्वामी हैं। इस बात की ग्लानि मुझसे अधिक तुम्हें है, यह न सोचना। महाराज अंतःपुर का भार मुझे दे गये थे। उनके कानों में यह बात पहुँचने पर मैं क्या जवाब दूँगी?"

रमा बोली—"जो-जो कुछ हुआ है, मैंने स्वामी से सब कह दिया है। उन्होंने मेरी बातों को सच मानकर मुझे माफ कर दिया है। मेरा कोई दोष तो नहीं!"

नन्दा—"यह कहने की जरूरत नहीं। तुम्हारा कोई दोष नहीं। यह कहकर क्यों दुःखी होती हो? खुलकर साफ बात बताओ तो सही!"

रमा—"कहूँगी क्यों नहीं? मैं वे बाते सबसे कह सकती हूँ।"

तब रमा ने सच-सच सब बातें नन्दा को सुना दीं। नन्दा को पूर्ण विश्वास हो गया पर—"अगर जरा भी मेरी सलाह ले लेती बहन, तो इतना झगड़ा न खड़ा होता। खैर, अब जो होना था सो हो गया। अब ऐसा काम करना चाहिए जिससे मान-प्रतिष्ठा की रक्षा की जा सके।"

रमा—"यदि ऐसा न हुआ दीदी, तो मैं अवश्य जल में डूब मरूँगी! मैं तो महाराज की रानी हूँ। एक भिखारिनी भी ऐसा कलंक लग जाने पर जीना पसंद न करेगी।"

नन्दा—"मरने की जरूरत नहीं! पर एक साहस का काम कर सकोगी? तब शायद उसके करने से किसी के मन में तुम्हारे प्रति शंका न रहेगी।"

रमा—"इस समय ऐसा कोई भी काम नहीं जिसे मैं न कर सकूँ।"

नन्दा—"मैं महाराज को कहकर एक खुला दरबार लगवाऊँगी। वे घोषणा करके सब नगरवासियों को बुलाएँगे। वहाँ गंगाराम और उनके सब नगरवासियों के सामने यह बात कहना कि हम लोग राजमर्हिषी हैं—सूर्य को भी हम लोगों के दर्शन दुर्लभ है! उन समस्त नगरवासियों के सामने यह बात कहना! मुक्तकंठ से क्या ये सब बातें सबके सामने कह सकोगी। यदि कह सको तभी हम इस सारे कलंक से छुट्टी पा सकेंगे।"

रमा शेरनी की तरह तड़पकर बोली—"क्यों नहीं मैं सारे संसार के सामने यह बात कहूँगी, अपने मुक्तकंठ से कहूँगी।"

नन्दा—"कह सकोगी?

रमा—"कह न सकी तो प्राण दे दूँगी।"

नन्दा—"अच्छा, मैं राजा से दरबार लगाने को कहूँगी तुम अब रोना मत!" रमा अब तक सजल नेत्रों से बैठी थी। नन्दा के जाने के बाद उसने आँसू पोंछकर पुत्र को गोद में उठाकर चूम लिया। अब तक उसे इसकी याद भी न थी। नन्दा ने संवाद देकर महाराज को बुला भेजा और जो अपवाद आज जनसाधारण की ज़ुबान पर था, वह राजा से कह सुनाया और रमा से हुई बात भी राजा से कह दी। तत्पश्चात गले में आँचल डालकर घुटने टेककर दोनों हाथों से उनके पैरों को पकड़कर बोली "प्राणनाथ!" आप ही हम लोगों की मान-मर्यादा के रक्षक है। इस कलंक से हमारा उद्धार करें। नहीं तो हम दोनों ही आत्महत्या कर लेंगी।"

कुछ कलंक की बात सोचकर, कुछ नन्दा के प्रस्ताव के कारण भी। सीताराम बड़े गुस्से से बोले—"रमा राजमहिषी है। उसे किस प्रकार अदालत के सामने साधारण अभियुक्त की तरह लाया जा सकता है?"

नन्दा—"आप ऐसा क्यों सोचते हैं? हमारे दिमाग में यह बात नहीं आती। सर्वसाधारण के सामने सफाई देकर निष्कलंक होने में अधिक लाज है या कि राजमहिषी के चरित्र पर लांछन लगने में अधिक लाज है।"

सीताराम—"रानियों के सम्बन्ध में इस प्रकार का कलंक सीता के काल से चला आ रहा है। प्रथानुसार इतना कांड न करके रमा को त्याग देना ही ठीक है। फिर यह कलंक ही न रहेगा।"

नन्दा—"महाराज! बेकसूर को त्याग देंगे? उसका विचार भी न करेंगे? यही आपका राजधर्म है? रामचन्द्र ने ऐसा किया था। इसी की आड़ लेकर आप भी ऐसा काम करेंगे? आपको यह शोभा नहीं देता!"

सीताराम—"सारी प्रजा शत्रु-मित्र और भद्र पुरुषों के सामने रानी को कुलटा की तरह खड़ी कर देने से क्या मैं लाज से जमीन में न गढ़ जाऊँगा? क्या मैं मूर्ख हूँ?"

नन्दा—"महाराज! जब पचास हजार व्यक्तियों के सामने श्री वृक्ष की डाल पर चढ़कर नाची थी, तब क्या आपका हृदय दस हाथ का हो गया था।

सीताराम—"बात तो ऐसी ही थी नन्दा! पर फिर वह मौका न आया, इसी का दुःख है मुझे।" नन्दा व्यंग्य कसकर यानी हर सम्भव प्रयत्न करके हार गई। बाद में उसने हाथ जोड़कर प्रार्थना करनी शुरू की। अबकी बार नन्दा जीत गई, सीताराम दरबार के लिए तैयार हो गए। सोचा, ऐसा न करने से बेकसूर रमा को त्यागना पड़ेगा। रमा सचमुच निरपराधिनी है। दरबार करने के अलावा और कोई चारा भी तो नहीं है!"

खिन्न होकर राजा ने चन्द्रचूड़ से बात की। चन्द्रचूड़ को परदे की प्रतिष्ठा पर श्रद्धा न थी, पर उनको यह भी डर था कि अगर रमा न बोल सकी तो? सीताराम भी डरते थे कि अगर रमा बोल न सकी तो सब किया-कराया गुड़-गोबर हो जाएगा।

[2]

सीताराम ने सारे नगर में यह घोषणा करा दी कि खुले दरबार में गंगाराम के अपराधों पर विचार होगा। समस्त नगरवासियों को आने के लिए कहा गया। निश्चित दिन 'दरबार-आम' जो सीताराम द्वारा बनवाया गया था, बड़े यत्नों से सजाया गया। दिल्ली दरबार की तरह चाँदी का चँदोवा और मोतियों की झालर नहीं थी; फिर भी रेशमी चादर, जिस पर जरी का कीमती काम हुआ था, ऊपर तनी हुई थी। चारों ओर के स्तम्भ रेशमी कढ़े हुए कपड़ों से सुसज्जित थे। रंग-बिरंगे कोमल गलीचे बीच में बिछे थे। उनके चारो ओर राजसी वर्दी पहने सशस्त्र सैनिक पंक्ति में खड़े थे। बाहर घुड़सवार सैनिक शान्तिरक्षा के लिए तैयार खड़े थे। सभा-मंडप के बीच ऊँची वेदी पर सीताराम के लिए एक सोने का जड़ाऊ सिंहासन था, जिसमें मोतियों की झालरें लगी थीं। सभा-मण्डप में केवल उच्च श्रेणी वालों के लिए ही जगह रखी गई थी; अन्य हजारों लोग सभा को घेरे हुए खड़े थे।

झरोखों में से यह सब कुछ देखकर नन्दा महारानी ने रमा को बुलाकर, सब दिखाकर पूछा—"क्या इस एकत्रित जन-समूह के आगे बोलने का तुम्हें साहस है?"

रमा—"अगर स्वामी के चरणों में तनिक भी भक्ति है तो जरूर बोल सकूँगी!"

नन्दा—"हममें से कोई साथ चले? कहो तो मैं ही चलू!"

रमा—"तुम क्यों इस अपमान तथा कलंक से भरे समुद्र में मेरे साथ कूदती हो? किसी के जाने की जरूरत नहीं! केवल एक काम करना, जब मैं बोलना शुरू करूँ तो मेरे पुत्र को लेकर मेरे सामने खड़ी हो जाना; मुझे बोलने में बल मिलेगा।"

नन्दा 'हाँ' मैं सिर हिलाकर बोली—"तब मुझे ही सभा में जाना होगा। जरा कपड़े तो बदल लो, अभी से।" रमा भी स्वीकृति से सिर हिलाकर महल में चली गई। वहाँ खिड़कियाँ बन्द कर जमीन पर लेटकर हाथ जोड़ बिनती करने लगी "हे भगवान, आज मुझे जो कहना है, उसे कहकर यदि मैं जीवन-भर के लिए गूँगी भी हो जाऊँ, तब भी मैं तुमसे यह भीख माँगती हूँ कि आज के दिन मेरी लाज रख लो! इसके बाद मुझे मरना भी न दुखेगा।"

जरा शान्त होने पर कपड़े बदलने का विचार उसके मन में उत्पन्न हुआ। वह किसी दासी की साड़ी माँगकर उसे ही पहनकर सभा में जाने को तैयार हुई। उसे देखकर नन्दा बोली—"ये सब क्या बहन?"

रमा—"आज मेरे श्रृंगार का दिन नहीं है। भगवान ने चाहा तो फिर सजूँगी। नहीं तो यह मेरा अन्तिम श्रृंगार है। इसी वेश में सभा में जाऊँगी।"

नन्दा ने भी यही ठीक समझकर फिर कोई आपत्ति न की।

[3]

यथा समय महाराज सीताराम सभा में उपस्थित होकर सिंहासन पर जा बैठें। चारणों ने स्तुतिगान किया, पर बाजे बजाने की मनाही थी।

तब बन्दी बनाया हुआ गंगाराम सामने लाया गया। उसे देखने के लिए अपार जनसमूह उत्सुक हो उठा। शान्तिरक्षकों ने उन्हें शान्त किया।

राजा तब गम्भीर स्वर में गंगाराम से बोले—"गंगाराम तुम मेरे कुटुम्बी, आत्मीय, प्रजा और वेतन-भोगी हो। तुम पर मेरा विशेष स्नेह था। तुम मेरे क्या, सभी के बड़े विश्वासपात्र थे। एक बार मैंने तुम्हारे प्राणों की रक्षा की थी। फिर भी तुमने यह विश्वासघात, क्यों किया? आज तुम्हें राजदंड से दंडित होना पड़ेगा।"

गंगाराम विनीत भाव से बोला—"किसी शत्रु ने आपसे झूठी शिकायत की है। मैंने कोई विश्वासघात नहीं किया। महाराज स्वयं मेरा विचार कर रहे है, अत: मैं आशा करता हूँ, प्रमाण न पाने पर आप मुझे सजा न देंगे।"

राजा—"ऐसा ही होगा! जो सबूत तुम्हारे विरुद्ध पाये गए हैं, उन्हीं को सुनो और उनका ठीक-ठीक उत्तर दो।" यह कहकर राजा ने चन्द्रचूड़ को सब कुछ बतलाने को कहा।

तब चन्द्रचूड़ ने, जो कुछ वे जानते थे, कहा। सभा में बैठे हुए सभी को याद हो आया कि जिस दिन मुसलमान सेना दुर्ग पर आक्रमण करने के लिए नदी पार कर रही थी, चन्द्रचूड़ के कहने पर भी गंगाराम ने दुर्ग-रक्षा का कोई उद्योग न किया था। चन्द्रचूड़ की बात समाप्त होने पर राजा ने क्रुद्ध होकर कहा—"नीच! इसका क्या जवाब है तेरे पास?"

हाथ जोड़कर गंगाराम बोला—"महाराज! ये ब्राह्मण देवता युद्ध के दाँव-पेंच क्या जानें! मुसलमान इस पार आये भी नहीं अगर वे आते तो क्या मैं दुर्ग की रक्षा न करता? दुर्ग में तो मैं भी रहता हूँ, इसके विनाश से मेरा क्या लाभ था?"

राजा—"क्या लाभ था? मैं बताता हूँ!"

राजा ने चाँदशाह फकीर की ओर इशारा करके कहा—"आप जो जानते हैं, कहिए!"

चाँदशाह ने तब दुर्ग पर हमला होने से पहले रात में तोराब खाँ के पास गंगाराम के जाने का हाल कह सुनाया। राजा ने फिर गंगाराम से पूछा—"इसका क्या उत्तर है तुम्हारे पास, राजद्रोही?"

गंगाराम—"मैं उस रात तोराब खाँ के पास गया था सही किन्तु विश्वासघातक बनकर गलत मार्ग में उसे भटकाकर मार भगाने का ही मेरा अभिप्राय था।"

राजा—"उसके लिए तुमने तोराब खाँ से क्या इनाम माँगा था?"

गंगाराम—"नहीं तो उसे यकीन कैसे आता?"

राजा—"क्या पुरस्कार माँगा था?"

गंगाराम—"आधा राज्य।"

राजा—"और कुछ नहीं?

तब राजा ने चाँदशाह फकीर से पूछा—"इस बारे में आप क्या जानते हैं? और आपने कैसे जाना।

चाँदशाह—"मैं मुसलमान फकीर हूँ। तोराब खाँ के पास में बराबर आता-जाता रहता था। मेरी बड़ी इज्जत करते थे। इस कारण मेरी गिनती माननीय व्यक्तियों में थी। बदकिस्मती से आज वो नहीं हैं तो अलग बात है! जिस दिन उन्होंने महाराज के हाथों हार मानकर मधुमनी के किनारे से अपना कब्जा छोड़ा उसी दिन रास्ते में उनसे मुलाकात हुई। उस समय गंगाराम के नीचतापूर्ण कार्य के बारे में उन्होंने मुझसे कहा। गंगाराम ने आधा राज्य तो माँगा ही था, साथ में कुछ और भी माँगा था कहने की हिम्मत नहीं पड़ती।

राजा—"बिना डर के कहो!"

चाँदशाह—"दूसरा इनाम छोटी रानी साहिबा थीं।"

उपस्थित दर्शक हुंकार कर उठे। गंगाराम को तरह-तरह की बददुआएँ मिलने लगीं। रक्षकों ने किसी तरह शान्ति स्थापित की। गंगाराम बोला—"महाराज, यह एकदम गलत है! मेरा अपना परिवार है। मैं सारे नगर का रक्षक हूँ। स्त्रियों के प्रति मेरे ऐसे बुरे विचार होते तो बहुत कम स्त्रियाँ मुझे दुर्लभ होतीं। मैंने छोटी रानी को कभी देखा भी नहीं, उनकी कामना कैसे करता?"

क्यों आते-जाते थे?

राजा—"तब कुत्ते की तरह छिपकर अन्त:पुर में रात को क्यों जाते थे।

गंगाराम—"कभी नहीं।"

तब वही पांडे प्रहरी बुलाया गया। उसने दाढ़ी हिलाते हुए कहा—"महाराज! गंगाराम रोज आधी रात में मुरला के साथ, उसका भाई बनकर अन्दर जाया करते थे।"

गंगाराम तड़पकर बोला—"महाराज! यह सम्भव नहीं है। मुरला के भाई को इसने क्यों अन्दर जाने दिया?" रोकता! इसने पहचानते हुए भी अनजान बना रहा।"

पांडे ने उत्तर दिया—"मैं गंगाराम को अच्छी तरह जानता था; फिर शहर कोतवाल को कैसे गंगाराम ने देखा कि मामला बिगड़ता जा रहा है, पर उसके मन में आशा थी कि मुरला स्वयं फँस जाने के डर से यह स्वीकार न करेगी। क्या उसे अपने प्राण प्यारे नहीं है? गंगाराम बोला—"मुरला को बुलाकर पूछ लो, सब कुछ पता चल जाएगा।"

बेचारा न जानता था कि मुरला को पहले ही महारानी नन्दा ने अपनी मुट्ठी में कर रखा था उसे समझा दिया था कि महाराज स्त्री-हत्या न करेंगे, इसलिए उसे डरने की जरूरत नहीं। न ही वे किसी प्रकार का शारीरिक दंड देंगे, अतः कठोर दंड का भी तुझे भय नहीं। सच बात कह देने से दंड कम ही मिलेगा।.......

मुरला के बयान से गंगाराम पर बज्र-सा गिर पड़ा। पर वह हताश न हुआ बोला—"महाराज! यह स्त्री बड़ी दुश्चरित्रा है। मैंने नगर में इसको अनेक बार पकड़ा है। उसी द्वेष के कारण ऐसा कह रही है।"

राजा—"तब किसकी बातों का विश्वास करोगे, गंगाराम? स्वयं महारानी की बातों पर विश्वास करोगे?"

गंगाराम को मानो स्वर्ग मिल गया। उसे पूर्ण विश्वास था कि रमा कभी भरी सभा में न आएगी, न ही रमा सभा में सब बातें कह सकेगी। गंगाराम बोला—"वे जरूर विश्वास के योग्य हैं। वे अगर दोषी ठहराएँ तो महाराज जो चाहे दंड दें!"

सभा में अन्त:पुर की रानी। उसी समय धीरे-धीरे पग रखती हुई, मैले कपड़े पहने एक रमणी ने सभा के बीच प्रवेश किया। जो रूप गंगाराम की रग-रग में समाया था, उसे देखते ही पहचान गया। गंगाराम बहुत डरा। सभा में महा कोलाहल होने लगा। रक्षकों ने उन्हें शान्त किया।

रमा दरबार में पहले राजा को, फिर चन्द्रचूड़ को प्रणाम कर घूँघट उठाकर खड़ी हो गई। मैले वस्त्रों में भी वही रूपराशि चमक रही थी। चन्द्रचूड़ ने देखा कि राजा सिर झुकाए बैठे हैं, चाहने पर भी कुछ न कह पा रहे है। तब चन्द्रचूड़ बोले— "महारानी!" आज गंगाराम के अपराध पर विचार हो रहा है। क्या कभी गंगाराम आपके अन्त:पुर में गये थे, गये तो किसलिए? आपके साथ इनकी जो-जो बातें हुई, सब कह डालिए! राजा की आज्ञा है और राजगुरु के नाते मेरी भी यही आज्ञा है कि आप सच-सच कहें!"

रमा गर्दन ऊँची करके बोली—"महाराज की रानी कभी झूठ न बोलेगी! हम लोग अगर झूठ बोलने वाली होतीं तो यह राज्य कभी का नष्ट हो गया होता।"

दर्शकों ने बाहर से जयघोष किया—"रानी की जय हो! साहस पाकर रमा कहने लगी "मैं राजा की रानी हूँ। मैं जो आज्ञा दूँगी, राजा का नौकर अवश्य पालन करेगा, क्योंकि राजा का

नौकर मेरा भी नौकर है। मैंने राजकार्य के लिए कोतवाल को बुला भेजा था। कोतवाल मेरी आज्ञा सुन गया फिर अब उसका जिक्र ही कैसा? इसके अलावा और क्या कहूँ!"

इतना सुनकर दर्शकों ने जय-ध्वनि ही न की, उनमें से अनेक खिन्न हो उठे। अनेक कहने लगे स्वीकार तो कर रही हैं।

चन्द्रचूड़ ने पूछा—"ऐसा क्या राजकार्य था, महारानी, जो आधी रात को नगर कोतवाल को बुलाया जाना पड़ा?"

तब रमा बोली—"मैं सब बातें' खोलकर कहूँगी।"

तभी रमा ने अपने सामने खेलते पुत्र की ओर देखा जो धाय की गोद में था। उसका मुख देखकर उसे बल मिला। उसने कहना शुरू किया।

पहले बिलकुल धीरे-धीरे, दूर से सुनाई देने वाले संगीत की तरह रमा की आवाज थी, जिसे सभी सुन नहीं सके। उपस्थितगण बोल उठे—"जरा और जोर से, हमें साफ सुनाई नहीं दे रहा!" अब रमा थोड़ा ऊँची आवाज में कहने लगी और आवाज स्पष्ट सुनाई देने लगी। रमा ने यह समझाना शुरु किया कि किस प्रकार अपने पुत्र पर विपद् की आशंका से

यह दुस्साहस उसने किया था। वह बार-बार अपने बेटे का मुख निहार रही थी और आँसुओं से भींगी, मातृस्नेह से सिसकियाँ भर रही थी। उस समय तीन गाँवों के इकट्ठे हुए जन समूह के कानों में मधुर संगीत की तरह उसके अन्तःकरण की आवाज गूँजने लगी—सभी सुध-बुध खोकर उसकी आवाज को सुन रहे थे। एकाएक रमा ने पुत्र को धाय की गोद में से लिया और सीताराम के चरणों में उसे डालकर हाथ जोड़े बोली—"महाराज! आपके और भी सन्तान हैं, लेकिन मेरी यही एक सन्तान है। आपके धर्म, कर्म, यश और स्वर्ग और भी हैं, लेकिन मेरा सब कुछ यही है—मैं मुक्त कंठ से कहती हूँ कि अगर मैं अब भी अपराधिनी हूँ तो मुझे सजा दें।"

यह सुनकर दर्शकों की आँखों में आँसू आ गये और बार-बार जयध्वनि होने लगी। किन्तु अच्छे-बुरे दोनों ही तरह के लोग होते हैं। अनेक बड़बड़ाने लगे हमें तो इन बातों पर यकीन नहीं आता! कोई बुढ़िया बोली—हाय रे अभागिन! आधी रात को पराये मर्द को बुलवाती थी और आज सती बनी फिरती है! किसी ने कहा—राजा इस बात को मानें या न मानें, पर हम नहीं मान सकते! कोई बोला—रानी होकर ऐसा नीच काम करें तो हम गरीब क्या नहीं कर सकते!

ये सब बातें सीताराम के कानों तक भी पहुँच गईं; तब वे रमा से बोले—"सारी जनता तो तुम्हारी बातों पर विश्वास नहीं करती।"

कुछ देर तक रमा सिर झुकाए खड़ी रही, नेत्रों से आँसू नदी की भाँति बहते रहे। फिर उसने अपने को सँभाला और बोली "महाराज! यदि लोगों को मेरी बातों पर यकीन नहीं तो आप चिता तैयार करें। मैं उसे स्वर्ग-समान मानकर उसमें समा जाऊँगी। (रमा का रोना न रुका)* लेकिन महाराज! क्या आपको भी मुझ पर विश्वास नहीं है? यदि यह ठीक है तो मेरा मरना भी व्यर्थ होगा, महाराज! श्रेष्ठ परलोक को बनाने वाले, भूदेव-समान हमारे गुरुदेव यहीं उपस्थित हैं। मैं इनके सामने अपने इष्टदेव को साक्षी मानकर कहती हूँ कि मैं विश्वासघातिनी नहीं हूँ। जो गुरु से भी ज्यादा मेरे लिए पूज्य हो, वही पतिदेव आप स्वयं मेरे सामने हैं मैं उन्हीं पतिदेव को साक्षी मानकर कहती हूँ कि मैं विश्वासघातिनी नहीं हूँ। महाराज! अगर मैं विश्वासघातिनी हूँ तो नारी-शरीर पाकर जो संवादत्र-संत्रा ब्राह्मण-सेवा, दान-व्रत मैंने किया, उन सबसे वंचित हो जाऊँ! जो सेवा मैंने आपकी तन-मन और वाणी से की है, उन सबसे वंचित हो जाऊँ! पति के दर्शन से बढ़कर और कोई पुण्य नारी के लिए नहीं है—मैं उससे भी वंचित हो जाऊँ! अगर मैं विश्वासघातिनी होऊँ तो नारी-देह धारण करके जन्म-जन्मातर तक अपने पुत्र के दर्शन से वंचित रहूँ।"

रमा इसके आगे कुछ बोल न सकी और सभा में गिरकर मूर्छित हो गई। निकट खड़ी दासियाँ उसे उठाकर अन्तःपुर में ले गईं। धाय की गोद में चढ़ा बच्चा भी रोता हुआ साथ चला गया। सभा में बैठे सभी लोगों की आँखें छलछला उठीं। गंगाराम के पैरों की बेड़ियाँ झनझना उठीं। एक अजीब कोलाहल मच गया! रक्षक शान्ति न रख सके।

"गंगाराम क्या कहता है? क्या वह भी अपने अपराध को अस्वीकार करता है? यदि वह अब भी झूठ बोले तो उसे मार डालो!' इस प्रकार का शोर मचने लगा। गंगाराम ने देखा कि इस समय वह लोगों का ध्यान इस ओर से न हटा सकेगा। गंगाराम बुद्धिमान था, उसने सोचा राजा लोगों के कहने के अनुसार ही आचरण करेंगे। उसने राजा को सम्बोधित करके कहा— "महाराज, क्या आप स्त्रियों की बातों पर यकीन करेंगे? स्त्रियों ने आपका यह राज्य स्थापित किया है, या हम जैसे राजभक्त सैनिकों ने? महाराज, स्त्रियाँ प्राय: पथभ्रष्ट होती हैं। आपकी छोटी रानी भी रात्रि में किसी अन्य से मिलती

थीं, इसलिए अपना दोष मुझपर लाद रही हैं। आप छोटी रानी का त्याग कर दीजिए!" इतना कहने के साथ ही वह 'रक्षा कीजिए-रक्षा कीजिए' कहता हुआ यथासंभव खड़ा हो गया। सारी सभा का ध्यान उसी ओर चला गया। ठीक उसी समय साक्षात् सिंहवाहिनी दुर्गातुल्य नारी हाथ में त्रिशूल लिये, गंगाराम को लक्ष्य करती हुई सभा में उपस्थित हुई। उसने त्रिशूल की नोक गंगाराम के वक्ष से सटा दी, और गंगाराम ने अपनी जान बचती न देखकर 'रक्षा कीजिए की रट लगा दी।' सीताराम तथा चन्द्रचूड़ ने रात्रि में देखी देवीतुल्य मूर्ति को पहचाना और आदरपूर्वक खड़े

हो गए। जयन्ती ने किसी को न देखा और त्रिशूल की नोक उसके वक्ष में गड़ाकर बोली—"बोल अब!"

गंगाराम ने अपनी जान की खैर न समझकर अपने समस्त अपराध, जैसे—रमा की निर्दोषता, अपना मोह, वासना, लोभ और तारावखाँ से भेंट तथा वार्तालाप स्वीकार कर लिया।

तब जयन्ती त्रिशूल लिये सभा से चली गई। किसी को उसका पीछा करने का साहस न हुआ। वह कहाँ गई और किस ओर गई किसी ने उसे न खोजा।

जयन्ती के जाने के बाद गंगाराम जैसे कृतघ्न इन्सान के लिए मौत की सजा सुनाई गई। प्राणदण्ड की बात से सभा में सन्नाटा छा गया। घर जाकर सबने रमा को 'साक्षात् लक्ष्मी' माना और उसका कलंक धुल गया।

[4]

राजा सीताराम ने मुरला का सिर मुंडवाकर उसे मट्ठे से नहलवाकर नगर के बाहर निकाल देने का आदेश दिया!

गंगाराम जैसे कृतघ्न के लिए मौत से बढ़कर और कोई सजा न थी। परन्तु गंगाराम की सजा कुछ देर के लिए रोकनी पड़ी, क्योंकि सीताराम का राज्याभिषेक होने वाला था। ऐसे समय में चन्द्रचूड़ तथा नन्दा यौनों ने अनुरोध किया कि प्राणदण्ड का काम कुछ देर के लिए स्थगित कर दिया जाए; इससे कुछ बुरा तो न होगा, पर लोगों को उतना उत्साह न रहेगा उनमें अमंगल भाव पैदा हो जायेगा। राजा भी मान गए। सीताराम भी दरअसल गंगाराम को यह सजा न देना चाहते थे, क्योंकि वह श्री का भाई था और वे अभी तक श्री को न भूले थे। श्री को भूलने के लिए ही उन्होंने राजा से सनद प्राप्त की थी; पर भूषणा पर अधिकार कर लेने के बाद भी वे श्री को न भूले। अतएव गंगाराम की सजा कुछ दिनों के लिए रुक गई।

राजधानी में अभिषेक के लिए बड़ी धूमधाम थी। समारोह में ब्राह्मण-पंडित, ज्योतिषी, अध्यापक, चोर-बदमाश सभी थे। इस समय सब लोगों के भोजन का ठीक प्रबन्ध था। दिन-रात गाना-बजाना और नाच की धूम से बच्चे मचल उठे।

इस महोत्सव में राजा कभी खुद के हाथ से, कभी नौकरों के हाथ से दान करते रहें, पर दान खत्म न हुआ। आधी रात तक दान करने के बाद वे वहाँ न ठहर सके। अंत:पुर के द्वार पर पहुँचकर उन्होंने उन त्रिशूलधारिणी भैरवीमूर्ति को फिर देखा।

राजा ने उसे साष्टांग प्रणाम किय और पूछा—"माँ, आप कौन हैं? दया करके आज्ञा दीजिए!"

जयन्ती बोली—"महाराज! मैं तो भिखारिनी हूँ। आपसे भिक्षा पाने आयी हूँ।

राजा—"माँ! आप मुझे धोखा दे रही हैं। आप मुझ पर खुश होकर कुछ आज्ञा दीजिए!"

जयन्ती—"नहीं, मैं साधारण स्त्री हूँ नहीं तो आपसे भिक्षा माँगने क्यों आती! सुना है, आज आप याचक की इच्छानुसार दान दे रहे हैं, तभी तो आयी हूँ।"

राजा—"माँ!" आपने दो बार देवी के समान मेरी रक्षा की है। आप साक्षात् लक्ष्मी हैं, आज्ञा दीजिए!

जयन्ती—"महाराज! गंगाराम के लिए जो मृत्यु दण्ड का विधान हुआ है, उसी कारण मैं उसके जीवन का दान माँगने आयी हूँ।" राजा "गंगाराम अत्यन्त नीच है! आपको उस पर दया कैसे आयी?"

जयन्ती—"हम तो भिक्षुक हैं हमारे लिए सब समान हैं।"

राजा—"आपके ही द्वारा ही दो बार उसके पापों का भण्डाफोड़ हुआ नहीं तो महारानी के प्रति आपकी दया न होने से वह कभी अपना अपराध स्वीकर न करता, और उसे हम लोग मृत्युदण्ड भी न दे सकते थे। अब आप इसके विपरीत क्यों करना चाहती हैं?"

जयन्ती—"महाराज! मैंने ही सब किया है, इसीलिए तो उसका प्राण-दान माँग रही हूँ। धर्मोद्धार के लिए त्रिशूल से उसे मारना पाप न था पर अब धर्म की रक्षा हो चुकी, अब उसे प्राण-दान दे दो!"

राजा—"आपके लिए कुछ भी ऐसा नहीं जो मैं न दे सकूँ! पर मैं आपको भिक्षा न दूँगा, बल्कि उसका जीवन बेचूँगा। आप उसके बदले मुझे क्या देंगी?"

जयन्ती—"क्या मूल्य चाहते हैं, महाराज? मैं उसी रत्न की पूर्ति करूँगी, जिस की आपके कोष में कमी है।"

राजा—"कोष में नहीं, मेरे व्यक्तिगत जीवन में कमी है। आपने मधुमती के तट पर मुझे आशीर्वाद दिया था कि मैं जो खोजता हूँ, उसे पा जाऊँगा। मुझे वह अनमोल रत्न दे दो, इसके बदले आपको गंगाराम का जीवन मिलेगा।"

राजा—"उसके लिए मैं अपना सारा राज्य त्याग सकता हूँ।

जयन्ती—"वह कौन-सी वस्तु है। जिसकी आपके राज्य में कमी है?"

जयन्ती—"वह क्या है महाराज?"

राजा—"मेरी पहली रानी श्री! आप देवी हैं, सब कुछ दे सकती हैं। देकर गंगाराम का जीवन बचा लो माँ!"

जयन्ती—"यह क्या महाराज! आपके समान धर्मात्मा की उस महारानी के बदले मैं इस नराधम के पापात्मा को ले सकती हूँ? क्या कानी कौड़ी लेकर मैं उस रत्न को बेच डालूँ?"

राजा—"माँ! जननी जितनी देती है, बच्चा क्या कभी उतना चुका भी पाता है?"

जयन्ती—"महाराज! आप अन्तःपुर के सभी द्वार खुले रखें और अन्तःपुर के प्रहरी को आज्ञा दें कि वह त्रिशूल देखते ही मार्ग छोड़ दे। आपके शयनकक्ष में आपकी चीज पहुँच जाएगी। अब गंगाराम को मुक्त करने की आज्ञा दे दें!" राजा ने हर्ष से पागल होकर कहा "मैं गंगाराम को मुक्त करता हूँ।" यह कहकर उन्होंने द्वारपाल को आज्ञा दी।

जयन्ती—"क्या मैं आपके अनुचरों के साथ कारावास में जा सकती हूँ?"

राजा—"जैसा आप चाहे, आपके लिए कुछ भी मना नहीं है!"

[5]

गंगाराम वायु और प्रकाश से रहित कारावास में बैठा आधी रात को भी मृत्यु की घड़ियाँ गिन रहा था। उसे नींद कहाँ थी! उसे भैरवी का डर था, पर रमा पर क्रोध भी था। आतंक से क्रोध ज्यादा होने के कारण प्रतिहिंसा की आग में वह जला जा रहा था।

गंगाराम इस समय रमा को पा जाने पर जड़ से फाड़ डालने को तैयार था। अगर गंगाराम में जरा भी चिन्ता-शक्ति होती तो वह मृत्यु से पहले ही रमा का नाश करने के उपाय ढूँढ़ता। कभी सोचता कि रमा को फाँसी के फंदे पर खड़े होकर बुरी-बुरी गालियाँ सुना जाऊँ। जो ब्राह्मण रोज उसके लिए खाना लेकर आता था, उसी ने बताया कि राज्य की सारी प्रजा उत्सव मनाने में तल्लीन है, केवल वही अकेला अन्धकार में बैठा है। उसे बैठे-बैठे श्री का ध्यान आया अगर वह जीवित होती! एक बार उसने मेरे प्राणो की भिक्षा माँगी थी। ऐसी बहन को भगवान क्यों ले गए? प्रकाश हाथ में लिये प्रहरी ने गंगाराम की अँधेरी कोठरी में प्रवेश किया। गंगाराम हैरान रह गया।

प्रहरी के साथ जयन्ती को देखकर वह चिल्ला उठा—"बचाओ, बचाओ! मैंने क्या किया है?"

जयन्ती बोली—"बेटा! जो कुछ तूने किया है, वह तू सब जानता है; पर तेरी रक्षा होगी। श्री की याद है तुझे।

गंगाराम—"अगर श्री जीवित होती..

जयन्ती—"हाँ, वह जिन्दा है। उसी के अनुरोध से तो मैंने राजा से तुम्हारे प्राणों की भिक्षा माँगी है। मैं तुझे मुक्त कराने आई हूँ। तू यहाँ से जल्दी भाग जा! कल सुबह इस राज्य में दिखाई न देना, नहीं तो तू न बचेगा, न ही मैं तुझे बचा सकूँगी।" गंगाराम कुछ समझा या नहीं, इसमें

शक है लेकिन बेड़ियाँ खुलते ही वह विश्वास के साथ जयन्ती को देखने लगा। फिर बोला—"माँ आपने मेरी रक्षा की!"

जयन्ती—"बेड़ी खुल गई, अब जल्दी भाग जाओ!"

गंगाराम बदहवासा-सा उसी रास्ते से भाग गया।

[6]

गंगाराम को मुक्ति की आज्ञा देकर, जयन्ती के कहे अनुसार द्वार खुले रखने का आदेश दे कर सीताराम पलंग पर आकर लेट गया और नन्दा पद दबाने लगी। राजा ने पूछा—"रमा कैसी है?"

नन्दा ने उत्तर दिया—"क्यों? कुछ विशेष कष्ट तो नहीं है!"

राजा—"मैं इतनी रात गए उसे देखने नहीं जा सकता। तुम जाकर उसकी सेवा में लग जाओ और मेरे न आने का कारण उसे समझा देना।"

यह जानकर आप जरूर सीताराम को लानतें दे रहे होंगे कि जो सीताराम आज तक लोक-वत्सल था। आज वह आत्म-वत्सल बन गया था। जिसने अपने प्राण देकर गंगाराम के प्राण बचाने में जरा भी हिचक न की थी, आज वही सीताराम श्री के लोभ के कारण गंगाराम जैसे अपराधी को मुक्त कर रहे थे।

नन्दा ने समझा, आज स्वामी एकान्त चाहते हैं सो वह उठकर चली गई। सीताराम पलंग पर लेटे श्री की प्रतीक्षा करने लगे। जो सीताराम शय्या पर लेटते ही गहरी नींद में सो जाते थे, आज उनकी नींद कहाँ थी!

किन्तु कहते हैं कि कैसा भी संकट क्यों न हो, निद्रा एक-न-एक समय सभी पर विजय पा लेती है। राजा भी उसी निद्रारूपी सुखस्वप्न में डूब गए। किन्तु कुछ ही देर में निंद्रा टूट गई और बेहोश-से हुए राजा ने देखा, एक गैरिकवस्त्रा, रुद्राक्षभूषिता, कमनीया स्त्री मूर्ति खड़ी है।

सीताराम ने पहले जयन्ती समझकर उसे न बुलाया। फिर श्री को पहचानकर 'श्री-श्री' करते हुए उसे अपनी बाँहों में पकड़ने को आतुर हुए पर सिर चकरा गया और कुछ क्षण के लिए मूर्खा आ गई।

मूर्छा खुलने पर सीताराम हैरानी से उस मूर्ति को देखने लगे, जो अब उनकी श्री न थी। उनके मुख की खुशी जाती रही। उनके मुख से एक ठंडी आह निकली 'मेरी श्री!' वे अब समझे कि यह महामहिमामयी एक देवी प्रतिमा है, उनकी श्री नहीं है।

हाय! 'मैं तो अपनी श्री की खोज में था, इस देवीमूर्ति को लेकर क्या करूँगा?'

[7]

राजा की आपबीती श्री ने सुनी और श्री की आपबीती राजा ने। श्री ने अपनी कहानी पूरी न सुनाकर कुछ-कुछ छिपा ली। अन्त में श्री ने पूछा—"अब मेरे लिए क्या आज्ञा है?"

यह सुनकर सीताराम नेत्र सजल हो उठे। इतने लम्बे बिछोह के बाद यह कितना नाज़ुक सवाल है!

सीताराम के मन में आया कि कह दें छत में से एक रस्सी का फन्दा लटका दो तो उसमें गर्दन फँसाकर मर जाऊँ! पर वे कुछ न कह सके और बोले, अब तुम मेरे राजसिंहासन की शोभा बढ़ाओ!"

"आज पाँच वर्ष हो गए, अपनी रानी को ढूँढ़ते हुए।

श्री—"महाराज! नन्दा की प्रशंसा बहुत लोग करते हैं। उस जैसी महारानी पा लेने पर फिर और की तमन्ना क्यों है?"*

राजा—"तुम बड़ी हो। नन्दा जैसी भी हो तुम अपना पद संभालो!"

श्री—"मैं संन्यासिनी हूँ। सब कामों को त्याग चुकी हूँ। मेरें वे दिन गये, जब मैं स्वर्ग की महारानी बनना चाहती थी। ताकि आपकी पटरानी बन सकूँगी।"

राजा—"वे दिन कैसे चले गए? सधवा स्त्री को तो संसार त्यागने का हक नहीं है।"

श्री—"जिसने सब कर्म त्याग दिये हैं। पति-सेवा भी उसका धर्म नहीं, देश-सेवा भी उसका धर्म नहीं।"

सीताराम—"सब कर्मों का त्याग तो कोई नहीं कर सकता। गंगाराम की जीवन-रक्षा करके तुमने क्या कर्म नहीं किया, या मुझसे मेल करके तुमने कर्म नहीं किया?"

श्री—"किया है और उससे संन्यास धर्म लाछित हुआ है। पर अब क्या बार-बार उसी भ्रष्ट मार्ग पर चलती रहूँ?"

सीताराम—"पति-सहवास स्त्री के लिए भ्रष्ट पथ है, यह कुविचार तुम्हें किस ने बताया है? मैं तुम्हारा स्वामी हूँ, तुम्हारे ऊपर मेरा अधिकार है मैं तुम्हें न जाने दूँगा!"

श्री—"आप मेरे स्वामी, हितकारी और उपकारी हैं। अत: आप ही न जाने देंगे तो मैं कैसे जा सकूँगी!"

सीताराम—"मैं स्वामी हूँ, राजा हूँ, उपकारी हूँ, इसलिए तुम बाध्य होकर न जाओगी? साफ यह क्यो नहीं कहती कि तुम मुझसे प्रेम करती हो और यह प्रेम की स्वर्ण-बेड़ी खोलकर भी कैसे जाओगी!"

श्री—"महाराज! वह भ्रम नष्ट हो चुका। मैं समझ चुकी हूँ कि प्रेम करने वाले का सुख और धर्म प्रेम ही है। किन्तु प्रेम पाने वाले को उससे क्या? आप मिट्टी के ठाकुर बनाकर, उसको पुष्प-चन्दन चढ़ाएँ—उसमें आपका सुख भी धर्म है। परन्तु पत्थर की मूर्ति को उससे क्या?"

सीताराम—"कितनी खतरनाक बात है!"

श्री—"भयानक नहीं, अमृत समान है!"

सीताराम—"श्री! देखता हूँ, कपटी स्त्री-संन्यासिनी का संग करके तुमने व्यर्थ की बातें सीख ली हैं। पति-सहवास ही स्त्री का धर्म है! मैं राजा हूँ, सब की धर्म-रक्षा करना मेरा कर्त्तव्य है। स्वामी का धर्म है कि स्त्री को स्वधर्म में प्रवृत्त करे। अत: तुम्हारे धर्म में तुम्हें प्रवृत्त करके मैं तुम्हें जाने न दूँगा।"

श्री—"आप मेरे स्वामी हैं, आपकी आज्ञा शिरोधार्य है! हाँ, इतना कह सकती हूँ कि आप मुझसे सुख न पाएँगे।"

सीताराम—"तुम्हें देखने से ही मुझे सुख मिलेगा।"

श्री—"एक भिक्षा और है अगर मुझे घर में रखना हो तो मेरे लिए एक अलग कुटिया तैयार करो। मैं राजमहल में सुखी न होऊँगी लोग मेरा मजाक उड़ाएँगे।"

सीताराम—"और राजमहिषी को कुटी में रखने से लोग उपहास न करेंगे?"

श्री—"राजमहिषी तो मुझे कोई नहीं जानता।"

सीताराम—"मुझसे तुम्हारी भेंट न होगी?"

श्री—"यह आपकी इच्छा पर निर्भर है।"

सीताराम—"मैं तुमसे प्राय: भेंट करूँगा। किन्तु तुम राजमहिषी नहीं हो, यह जानने पर लोग तुम्हें क्या कहेंगे, जानती हो?

चिन्ता नहीं है। मेरा सब कुछ आपके हाथ में है।"

श्री—"जानती हूँ लोग मुझे राजा की उपपत्नी कहेंगे। मैं संन्यासिनी हूँ, मुझे मान-अपमान की कोई चिंता नहीं।

सीताराम—"वह कैसे?"

श्री—"मैं आपकी सहधर्मिणी हूँ। मेरे साथ धर्माचरण के अलावा अधर्माचरण न करें। इन्द्रियों के वशीभूत होना ही पाप है! आप जब निष्पाप होकर शुद्ध चित्त से मेरे साथ वार्तालाप कर सकेंगे, तब मैं गेरुआ वस्त्र छोड़ दूँगी। जितने दिन ये गेरुआ कपड़े पहनूँगी, आपको अलग आसन पर बैठना होगा!"

सीताराम—"मैं तुम्हारा स्वामी हूँ, बात मेरी ही चलेगी!"

श्री—"एक बार चल सकती है। आप शक्तिशाली है, हम वनवासिनी हैं। हम भी अपनी रक्षा के लिए अपने पास विष रखतीं हैं, ताकि समय पड़ने पर खा सकें।

"हाय! यह श्री तो मेरी नहीं है।"

[8]

सीताराम सब समझकर भी कुछ न समझें जैसे मनुष्य जिससे प्रेम करता है, उसके शव के पास बैठकर भी यकीन नहीं कर पाता कि वह मर चुका है। सीताराम इतने वर्षों से श्री की एक मानस-मूर्ति बनाकर मन-ही-मन उसकी पूजा किया करते थे। उन्होंने तो श्री का बाहरी रूप ही देखा था। अन्दर का रूप भिन्न था, यह सीताराम न जानते थे। उन्होंने तो उसे नई श्री जाना और उसकी तीखी बातों पर ध्यान भी न दिया, क्योंकि श्री को छोड़ देने पर सब कुछ छूट जाता था।

श्री किसी तरह भी राजपुरी में रहने को सहमत न हुई। सीताराम ने 'चित्त-विश्राम' नामक छोटा किन्तु मनमोहक प्रभा- भवन बनवा दिया। श्री चाधाम्बर बिछाकर वहाँ रहती थी। श्री के लिए राजा ने इतने दिन पीड़ा सहा था तथा श्री के बिना राजा का जीवन सारहीन है।

पृथक आसन पर बैठने पर भी राजा विपदा में जा फँसे। श्री के मुँह से की हुई बातें तो बहुत ही भली लगती थीं! आज की श्री वह श्री न थी, जो पेड़ की डाल पर चढ़ी थी और आँचल हिलाकर जिसने रण में विजय पायी थी। आज की श्री का रूप अनेक गुना बढ़ गया है। शारीरिक स्वास्थ्य, मन की शुद्धि ने श्री के स्वास्थ्य और सौन्दर्य को सौ-गुना बढ़ा दिया है। प्रात:काल के फूल की तरह पूर्ण स्वस्थ, पुष्ट सर्वांग-सुडौल तथा कान्तियुक्त सौंदर्य है उसका। सुकोमल, मृदु, शीतल और तप्त स्वर्ण जैसा श्री का स्वास्थ्य और सुगठित शरीर, प्रकृति की मूर्तिमती शोभा के समान छविमय था।

उसके चेहरे पर विषाद की रेखा न थी, भोग-विलास की छाया नहीं; सर्वत्र-सुमधुर, सुखमय छवि है। सीताराम के मन की आग को ये सब बातें भी बुझा न सकीं। श्री, सीताराम के सर्वनाश का कारण बन गई। शुरू में सीताराम नित्य सायंकाल 'चित्त-विश्राम' में आते और लगभग एक प्रहर तक कथा-वार्ता कर चले जाते थे। फिर लगभग सारी रात वहीं बीतने लगी। पृथक आसन होने पर भी राजा भूख और नींद से व्याकुल हुए बिना वहाँ आते थे। धीरे-धीरे शाम के भोजन तथा सोने की व्यवस्था भी वहीं होने लगी। बाद में वे सुबह भी राज सभा में देर से जाने लगे। कभी-कभी शाम को राजभवन में चक्कर लगा आते थे। फिर धीरे-धीरे कई दिन वहाँ जाना ही

भूल जाते थे। अगर जाते भी तो तुरन्त लौटकर आ जाते। अत: वे पूर्ण रूप से 'चित्त-विश्राम' में रहने लगे; केवल कभी-कभी राजभवन में टहलने चले जाते।

इधर 'चित्त-विश्राम' में मक्खी तक आने की आज्ञा न थी। इस प्रकार राजकार्य से राजा का सम्पर्क लगभग टूट-सा गया।

रामचन्द्र तथा श्यामचन्द्र, दो शान्त स्वभाव के गृहस्थ मुहम्मदपुर के नागरिक थे। शाम के समय बैठे दोनों बाते कर रहे थे।

रामचन्द्र—"क्यों भाई! चित्त-विश्राम का रहस्य पता है?"

श्यामचन्द्र—"हम क्या जाने, राजाओं-महाराजाओं की बातें! हमारे राजा तो परम धार्मिक हैं, उनमें दोष बहुम कम है।

रामचन्द्र—"ठीक है! महाराज में दोष तो बहुत कम हैं; हाँ, अब कुछ सन्देह होने लगा है।"

श्यामचन्द्र—"लोगों का भी यही विचार है कि राजा अब कुछ बदल गए हैं। पहले राजा राम-राज्य में रहते थे, पर अब भूषणा पर अधिकार होने के बाद से भी क्या वैसा है?

रामचन्द्र—"ठीक कहते हो भाई! मुझे भी लगता है,'चित्त-विश्राम' का काण्ड बढ़ता जा रहा है। किन्तु महाराज को वश में करना सरल नहीं है। न जाने कहाँ से आ गई है!"

श्यामचन्द्र—"सुना है, कोई भैरवी है। आजकल डाकिनी भी भैरवियों का वेश बनाकर घूमती है और अपनी माया में सबको फँसा लेती हैं। कोई कहता है कि भैरवियों का एक जोड़ा यहाँ रहता है। फिर तो सर्वनाश निश्चित है! राजा डाकिनी के हाथ में फँस गए हैं भगवान ही उनकी रक्षा करें!"

श्यामचन्द्र—"आसार तो बुरे ही नजर आ रहे हैं। राजा अब राजकाज नहीं देखते, सब कुछ चन्द्रचूड़ करते हैं। किन्तु वे युद्धकला तो नहीं जानते! नवाब की फौज शीघ्र ही आक्रमण करेगी।"

रामचन्द्र—"ऊँह, मृण्मय तो हैं!"

श्यामचन्द्र—"दादा की बाते! दूसरों को क्या गर्ज पड़ी है? जिसका काम हो, उसी को अच्छा लगता है! देख लो, गंगाराम ने क्या किया। तब मृण्मय कहाँ था अब अगर वे भी यमनों से मिल गए हो तो हम कहाँ जाएँगे।

रामचन्द्र—"ठीक तो है, तभी तो सब नगर छोड़कर जा रहे हैं! उस दिन गाँव के एक आदमी से हमने पूछा कहाँ जा रहे हो। उसने बोला कि अनाज महँगा हो गया है।

श्यामचन्द्र—"दादा, तुम्हें बतला मैं भी चला जाऊँगा!

रामचन्द्र—"ठीक है, तो क्या मैं ही मौत के मुँह में जाने को पड़ा रहूँगा? जान है तो जहान है! अगर नगर बचा रहा तो फिर आ जाएँगे। घर कहीं भाग तो नहीं जाएगा!"

श्यामचन्द्र—"इसके अतिरिक्त और चारा भी क्या है?...

[9]

श्री—"महाराज, आप तो हमेशा चित्त-विश्राम में ही बने रहते हैं। राजकाज कौन सँभालता है?"

सीताराम—"तुम ही मेरा राज्य हो! तुमसे जितना सुख मिलता है, उतना राज्य से कहाँ मिल सकेगा?"

श्री—"छी! महाराज! क्या इसीलिए आपने हिन्दू-साम्राज्य की स्थापना की थी? क्या आपको यह शोभा देता है?"

सीताराम—"राज्य तो स्थापित हो चुका है।"

श्री—"किन्तु बना कैसे रहेगा?"

सीताराम—"उसे नष्ट भी कौन कर सकता है?"

श्री—"आप! राजा का राज्य और विधवा का ब्रह्मचर्य एक समान होता है—रक्षा न करने से टिकता नहीं!"

सीताराम—"राज्य खतरे में कहाँ है?"

श्री—"आप राज्य-प्रबन्ध कब करते हैं? आप रहते तो यहाँ हैं!

सीताराम—"मैं राजकार्य नहीं देखता, ऐसी बात नहीं है! मैं नित्य प्रात: राजधानी जाता हूँ। मृण्मय तथा चन्द्रचूड़ जी के होते हुए, मेरे न होने पर भी काम चल जाता है।"

श्री—"उनके रहते हुए भी उस दिन राज्य जा रहा था। अगर आप न आते तो खत्म हो जाता!"

सीताराम—"मैं तो हूँ यहीं! संकट आने पर रक्षा करूँगा।"

श्री—"इसी विश्वास के कारण आप यत्न न करेंगे और यत्न न करने से आप सफल न होंगे। मैं तो स्त्री हूँ और वह भी संन्यासिनी मैं राजकाज क्या जानूँ! मुर्शिदाबाद का संवाद क्या है! तोराब खाँ गया, भूषणा गई, बारहों जमींदार गए इस पर भी नवाब चुप है?"

सीताराम—"ऐसा न सोचो! मुर्शिद अली खाँ को जब तक माल मिलता रहेगा, वह मुँह न खोलेगा

श्री—"बराबर मिल रहा है?"

सीताराम—"भेजने का प्रबन्ध तो है, पर इस बार ज्यादा खर्च हो जाने से भेजा न गया।"

श्री—"तब भी वह शान्त है।"

सीताराम—"वह क्या करेगा या कर रहा है, कुछ पता भी तो नहीं चल रहा है!"

श्री—"महाराज, चित्त-विश्राम में रहकर क्या पता चलेगा?"

सीताराम—(चिन्तित-सा होकर) "ऐसा ही लगता है! मैं तुम्हारा मुख देखकर सब भूल जाता हूँ।"

श्री—"तब मुझे यह अशुभ मुख फिर छिपाना पड़ेगा! आज्ञा हो तो वन में चली जाऊँ।"

सीताराम—"जो होता है, होने दो! मेरा इरादा पक्का है। या तो तुम्हे छोड़ूँगा या राजपाट! पर मैं तुम्हें नहीं छोड़ूँगा!"

श्री—"तब ऐसा ही करो! राजपाट किसी उपयुक्त व्यक्ति को सौंपकर संन्यास धारण करके मेरे साथ वन में चलो!"

सीताराम चिन्ता में डूब गए। राज की भोग-लालसा बढ़ गई थी। पहले होता तो वे राज्य छोड़ देते; पर अब वो पहले वाले राजा सीताराम न रह गए थे। राज्यभाग में उनका मन मलिन हो गया था। वे राज्य न छोड़ सके।

[10]

जिस दिन रमा सभा-मण्डप में मूर्छित हुई थी और दासियाँ उसे उठाकर ले गई थीं, उस दिन से आज तक रमा स्वस्थ न हो सकी। दुनिया भर के वैद्य-हकीमों ने उसका इलाज किया, पर वह ठीक न हुई। जब देखो, राना साहिबा की दवा का ही प्रयत्न हो रहा है। कहीं दवा कूटी जा रही है तो कहीं तेल-मालिश के लिए खोलते हुए तेल को सिद्ध किया जा रहा है। जो कल तक साधारण चूरन बेचने वाले थे, रानी की बीमारी का हाल सुनकर वैद्य बन बैठे थे और दवा के बदले पाँच-दस रुपये कमा ही लेते थे। रानी नन्दा ने रमा की सेवा के लिए एक वृद्धा परिचारिका, मुरला के स्थान पर रख दी थी। उसका नाम यमुना था। रमा रानी को दवा-दारू देने का काम उसी का था। पर रानी दवा खाती कहाँ थी! इधर रोग घटने की जगह बढ़ता ही गया। यमुना ने रानी से कह दिया कि वह बड़ी महारानी से सब कह देगी।

रमा बोली—"यमुना! आखिरी समय में क्यों तंग करती हो? चाहो तो मैं एक-एक गोली का एक-एक रुपया दे सकती हूँ?"

यमुना—"क्या मैं आपकी दवा आपको ही बेचूँगी?"

रमा—"रुपये लेकर गोलियाँ मुझे बेच दो! फिर चाहे मैं उन्हें खाऊँ या न खाऊँ।"

यमुना—"जब दवा खानी ही नहीं है तो मेरे पास पड़े रहने से भी क्या लाभ?" नौकरानी ने सोचा, चलो रुपया क्यों छोड़ूँ! उसने रूपये लेकर दवा दे दी।

नन्दा, रमा को रोज देखने आती थी। उसे मौत के समीप पाकर उसने वैद्यों को बुला भेजा, और उनकी खूब झाड़-पोंछ की और बोली "अगर रोग अच्छा नहीं कर सकते तो वेतन किस बात का लेते हो।" एक वृद्ध वैद्य बोला—"रानी जी! वैद्य दवा दे सकता है, पर आयु नहीं।"

नन्दा-"तब आप अपने-अपने घर जाएँ!"

वृद्ध वैद्य चतुर था वह बोला—"महारानी! मैंने जो दवा बनाई है, उसे आप धन्वन्तरि का प्रसाद-ही समझें और रोगी तीन दिन में ठीक हो जाएगा। आप एक आज्ञा दें।

नन्दा—"क्या चाहते हैं आप?"

वृद्ध—"मैं रानी को दवा अपने सामने खिलाऊँगा।"

नन्दा ने आज्ञा दे दी और अन्य वैद्यों को जाने दिया। फिर रमा को बताया। सुनकर रमा हँस पड़ी और बोली—"मैं दवा न खाउँगी।"

नन्दा—"इसमें हर्ज क्या है? जहाँ इतनी दवा खायी है, तीन पुड़िया और खा लो!"

रमा—"मैंने दवा कहाँ खायी हैं!" उसने तकिया उठाकर दवा दिखा दी।

नन्दा बोली—"बहन, आत्महत्या क्यों कर रही हो? अब कलंक तो मिट गया।

रमा—"यह बात नहीं, औषधि तो मैं खा सकती हूँ"

नन्दा—"तब कब खाओगी?"

रमा—"जब महाराज मुझे देखने आएँगे!"

नन्दा के नेत्र रो उठे, वह बोली "अच्छा, अब जब महाराज आएँ तो तुम्हें जरूर देखने आएँगे!"

[11]

इस बार आते ही तुम्हें देखने आएँगे। यह आश्वासन रमा को देकर नन्दा चली गई। रमा इसी आशा पर जिन्दा थी, पर अब वह न बचेगी। रमा को धीरज बाँधकर नन्दा आप भी सचेष्ट थी, पर राजा को पकड़ना आसान न था। नन्दा ने मन में राजा पर क्रोध न करने की सोच रखी थी। उसका खयाल था कि राजा डाकिनी के फंदे में हैं, कहीं भूत उसे भी चिपट न जाएँ! पर यह न जानती थी

वह डाकिनी श्री ही है। फिर भी यह अफवाह थी कि डाकनी दिन में परम सुन्दरी बनकर गृहस्थ रूप में रहती है; रात को लोमड़ी बनकर श्मशान में नर-माँस खाती है। अन्त में एक दक्ष सेवक ने बतलाया कि डाकिनी कैलासवासिनी साक्षात् भवानी की सहचरी विशालाक्षी है—रुद्र के श्राप से यहाँ आयी है, श्राप खत्म होने के बाद चली जाएगी। नन्दा ने दृढ़ निश्चय कर रखा था कि चाहे कुछ भी हो, एक बार मिल जाने पर वह उसे चीर डालेगी!

सीताराम जब भी नन्दा से मिलते, वह उन्हें रमा के पास जाने को कहती। वे 'हाँ' कर देते, पर जाते कभी न थे। आज नन्दा ने सीताराम को जा पकड़ा और बोली" आज रमा के पास जरूर जाना, नहीं तो इस जन्म में फिर उसे न देख सकोगे।"

सीताराम रमा के पास गये। उसकी आँखों से आँसू बह निकले, पर उसने सीताराम का तिरस्कार न किया। सीताराम उसे स्वस्थ होने का यकीन दिलाने लगे। रमा बड़ी विचित्र हँसी हँसने लगी। सीताराम समझ गए कि अन्त समय आ गया है।

सीताराम पलंग पर बैठे थे। वहीं रमा का पुत्र भी आ गया। रमा ने उसे गोद में उठाने को कहा। सीताराम ने पुत्र को गोद में उठा लिया। रमा क्षीण स्वर में बोली—"मेरे अपराध से बच्चे को न त्याग देना! सोचा था, इसे दीदी को सौंप जाऊँगी; पर

अब आप आ गए तो आपको दिये जा रही हूँ। इस जन्म के लिए बिदा लेती हूँ। आशीर्वाद दो कि दूसरे जन्म में भी आपको ही पाऊँ!"

इसके साथ ही बोल बन्द हो गया और रमा चल बसी।

[12]

रमा के मरने से राजा उस दिन चित्त-विश्राम न गए। अब तक ऐसा न हुआ था। अभिषेक से पूर्व राजा की भेंट न हुई थी, तब राजा नन्दा से ज्यादा रमा को चाहते थे। वह प्रेम एकाएक खत्म हो गया। कैसे हुआ। इसकी सीताराम को चिंता न थी। मन प्रसन्न रखने के लिए श्री के पास न जाकर वे नन्दा के पास चले गए। पर आज नन्दा से एक भूल हो गई। रमा की मौत ने उसके दिल में डाकिनी के प्रति घृणा-भाव भर दिया। वह अपना क्रोध न दबा सकी। रमा का प्रसंग उठते ही बोली—"महाराज! आपके ही कारण रमा मरी है। नन्दा ने इतना ही कहा कि राजा आग-बबूला हो उठे। ईंधन तो पहले ही तैयार था। वे खुद अपनी सफाई देते घूम रहे थे, उस पर नन्दा के कटु वचनों ने आग पर घी का काम किया। अत: आग प्रचण्ड हो गई। वे गरजकर बोले—"उसको मारने के कारण ही तो तुम्हें महारानी बनाया था! जब रमा ने गंगाराम से मिलकर मेरी मृत्यु का षड्यंत्र रचा था, तब तुम्हारा मुँह क्यों बंद था?"

इतना कहकर वे अंत:पुर से चले गए। वहाँ चन्द्रचूड़ राजा को दिलासा देने के लिए अनेक बातें करने लगे। इस समय उन्हें तप्त हुए देखकर चन्द्रचूड़ बोले—"महाराज छोटी रानी के प्रति अगर आप मनोयोग करते तो वह ठीक हो जाती!" शोला और भी भड़क उठा। राजा बोले—"तो तुम भी मुझे ही दोषी ठहराते हो?" चन्द्रचूड़ का भी यही विश्वास था। उन्होंने सोचा कि राजा को साफ कह देना ही ठीक है। अपना दोष देखे बिना किसी का चरित्र नहीं सुधरता। अत: चन्द्रचूड़ बोले—"सच तो यही है!"

राजा—"सच है तो कहिए! पर अगर मैं इन लोगों की मृत्यु की कामना करता तो क्या इनमें से एक भी बचता?"

चन्द्रचूड़—"मैं यह नहीं कहता। पर इतना जानता हूँ कि जो आप पर आश्रित हैं, उनकी उपेक्षा करने पर वे न बचेंगे, आपका राज्य भी न बचेगा!" राजा ने मन-ही-मन सोचा और बोले "मेरे संरक्षण का क्या प्रभाव है? आप लोग क्या करते हैं?" राजा ने मन-ही-मन चन्द्रचूड़ को सजा देने की ठान ली। चन्द्रचूड़ के वचनों से राजा का अंग-अंग जल रहा था।

[13]

दरअसल चन्द्रचूड़ बताना चाहते थे कि चाहे कितना बड़ा राज्य क्यों न हो और कितना बलवान क्यों न हो, धन के अभाव में नष्ट हो जाता है। धन की कमी के कारण ही तो महान रोमन साम्राज्य का नाश हो गया था!

सीताराम के यहाँ धन की कमी समझ से बाहर की बात है। सामान्य नियम है कि आय के साथ व्यय भी बढ़ता है। राजा को भूषणा पर अधिकार करने में भी कुछ व्यय करना पड़ा था, और बारह जमींदारों को अधीन करने में भी विशेष खर्चा हुआ था। इधर सेना का खर्च भी अधिक था, क्योंकि शत्रु के आक्रमण का भय लगा ही रहता था; और अबकी बार राज्याभिषेक में भी खर्चा हुआ था। अत: आय के साथ व्यय भी बढ़ गया था।

किन्तु इस पर भी आय-व्यय समान होने की आशा न थी, क्योंकि राजा के चित्त-विश्राम में रहने से चोरियाँ अधिक होती थीं। चन्द्रचूड़ दिन-दहाड़े बड़े-बड़े अफसरों को चोरी यानी भ्रष्टाचार करते देखते, पर उन्हें पकड़ता कौन? इसी कारण उन्होंने सोचा था कि जिस दिन राजा दरबार में बैठेंगे, सब कागज पत्र उन्हें दिखाऊँगा। उन्होंने कई कर्मचारियों को पदच्युत करने का आदेश भी दिया, पर उन्हें सब यही कहते कि पहले सरकारी सही मुहर का आज्ञा पत्र दिखाइए, नहीं तो घर जाकर संध्या-पूजा कीजिए! राजा को चित्त-विश्राम में जाने की जल्दी होती थी, अत: वे बिना पढ़े कागज पर हस्ताक्षर कर देते थे। इससे कोई भी सरकारी अधिकारी अपने पद से हटता था। उनका कहना था कि यह राजाज्ञा नहीं है; क्योंकि राजा ने इसे पढ़ा ही नहीं है।

इस कारण आज चन्द्रचूड़ ने राजा को पकड़ लिया। दरबार में चन्द्रचूड़ अपराधियों के सामने ही कागज-पत्र निकालने लगे। राजा सीताराम ने सबको मृत्युदंड दे दिया, क्योंकी वे क्रोधित तो पहले से ही थे। आज्ञा सुनकर समस्त दरबार सिहर उठा। चन्द्रचूड़ भी मानो डर गए और बोले—"छोटे-से अपराध के लिए इतनी बड़ी सजा!"

सीताराम—"इतना बड़ा दण्ड कैसा? चोरी की यही सजा है!"

चन्द्रचूड़—"इनमें' कई ब्राह्मण भी हैं। ब्रह्म-हत्या करेंगे आप?

सीताराम—"ब्राह्मणों के नाक-कान कटवाकर गर्म लोहे से उनके माथे पर 'चोर' लिख दो; बाकी सबको सूली पर चढ़ा दो!

राजा आज्ञा देकर चित्त-विश्राम चले गये, पर बहुतेरे राज्याधिकारी अपना कार्य छोड़कर भाग निकले।

[14]

चोरी तो बन्द हो गई, पर पैसा इकट्ठा न हुआ। राज्यावस्था राजा को बताना जरूरी था, पर वे मिलते कहाँ थे! एक दिन राजा को चन्द्रचूड़ ने पकड़ ही लिया और बोले "महाराज, पूरी बात सुने बिना राज्य न चलेगा।"

राजा—"मैं क्या करूँ फिर? अच्छा सुनाओ!"

चन्द्रचूड़—"दल-के-दल सिपाही नौकरी छोड़ कर भाग रहे हैं।"

राजा—"क्यों?"

चन्द्रचूड़—"उन्हें वेतन नहीं मिलता है।"

राजा—"क्या अब भी चोरी होती है?"

चन्द्रचूड़—"चोरी तो बन्द हो गई, पर चोरों के पेट में गया हुआ पैसा कहाँ लौटता है।"

राजा—क्या वसूली नहीं होती?"

चन्द्रचूड़—"वसूली करने वाले कहते हैं कि हिसाब में गड़बड़ी होने पर सूली पर कौन चढ़ेगा?"

राजा—"उन्हें नौकरी से हटा दो!"

चन्द्रचूड़—"नये आदमियों को क्या तहसील-वसूली का काम करना आएगा?"

राजा—"तो उन्हें कैद करवा दो!"

चन्द्रचूड़—"तब वसूली कौन करेगा?"

राजा—"पंद्रह दिन के अन्दर जो सब वसूली न कर सके, उसे सूली पर चढ़ा दो!"

चन्द्रचूड़—"तहसीलदारों' का ही दोष है जो 'कर' देते नहीं हैं।"

राजा—"क्यों नहीं देते?"

चन्द्रचूड़—"उनका कहना है कि मुसलमानों का राज्य होने पर देंगे। एक बार अब दें, एक बार दुबारा फिर।"

राजा—"जो न दे, उसे कैद कर लो।"

चन्द्रचूड़ का मुँह हैरानी से खुला-का-खुला रह गया; बोले—"महाराज, कारागार में इतनी जगह कहाँ।

राजा—"बड़ी-बड़ी बैरके बनवा दीजिए!"

बाकीदार और तहसीलदारों को कैद करने के। आदेश पर हस्ताक्षर कर वे चित्त-विश्राम को चले गये।

बैरके पूरी बनवाकर भी काम न बना। इस आज्ञा से हाहाकार तो मच ही गया था। सब तहसीलदार और बाकीदार राज्य छोड़कर भागने लगे। राजा पहले स्वयं ही जलते थे, अब राज्य भी जलने लगा। अगर श्री न आती, तो कहना मुश्किल है कि राजा का इतना पतन न होता। अगर श्री भी नन्दा की तरह आकर राजमहिषी बनती तो ऐश्वर्य पर इतना खर्च न होता। अगर श्री उपपत्नी बनकर भी वित्त-विश्राम में रहती तो इतना पतन न होता, क्योंकि वासना की तृप्ति हो जाने पर इतना आकर्षण श्री में न रहता। पर श्री तो बाधाम्बर पर बैठी सरस वाक्यों की वर्षा करती, और सीताराम कुत्ते की तरह दूर बैठे उसका मुख देखते रहते। किन्तु थी वह सीताराम की विवाहिता स्त्री। आज उन्होंने दृढ़ संकल्प कर लिया था कि श्री के साथ बल-प्रयोग करेंगे।

जिससे प्रेम होता है, उस पर बल प्रयोग नहीं किया जा सकता। अत: राजा भी उसके साथ बल-प्रयोग न कर सकें। क्योंकि इससे उसके प्राण संकट में पड़ सकते थे। जितने दिन वे स्त्री-सुख के बिना न रह सके, उतने दिन उनके प्राण ज्ञान-शून्य ही रहे।

एक दिन चन्द्रचूड़ ने राजा से कहा—"महाराज! मुझे तीर्थ-भ्रमण के लिए जाना है।" राजा पर मानो बिजली-सी गिर गई। अब उन्हें श्री को छोड़ना होगा या राज्य को। वे चन्द्रचूड़ का मन फेरने लगे। पर चन्द्रचूड़ का इरादा पक्का था कि इस पापी राज्य में रहकर पापी राजा का काम न करेंगे। अत: बातों में रात बीत गई। राजा चित्त-विश्राम न जा सके और वहाँ एक घटना घट गई।

[15]

उसी दिन भगवान की कृपा से एक भैरवी चित्त-विश्राम के द्वार पर आयी। भैरवी ने अन्दर जाना चाहा; पर द्वारपाल ने उसे रोका और बोला—"अन्दर राजा की रानी रहती हैं, अत: वहाँ जाना मना है।"

भैरवी—"हमें मालूम है। पर राजा मुझे जानते हैं। उनसे आज्ञा ले आओ!"

द्वारपाल—"अब वे राजधानी में हैं।"

भैरवी—"तो अन्दर रानी से आज्ञा ले आओ!"

द्वारपाल असमंजस में पड़ गया। एक-दो बार नन्दा की अनुचरियों ने भी अन्दर जाना चाहा था, पर श्री ने मना कर दिया था। पर यह भैरवी तो देवी-स्वरूपा दिखाई देती है मना करने पर न जाने क्या होगा? अत: उसने आज्ञा दे दी।

जयन्ती—अंतःपुर में चली गई।

उसे देखकर श्री बोली—"आ गई, अच्छा ही हुआ!"

जयन्ती—"सुन रही हूँ, राज्य में बड़ी गड़बड़ी हो रही है। क्या तुम्हीं इस का कारण हो? प्रत्येक पाठशाला में छात्रगण रघुवंश के उन्नीसवें सर्ग के श्लोकों का पाठ कर रहे हैं। क्या यह सच है?"

श्री—"तभी तो तुम्हें खोज रही थी।" श्री ने सब समाचार बता दिया।

जयन्ती बोली—"तब तुम अपना कर्त्तव्य करो!

श्री—"उसे ही तो मैं समझ न सकी।"

जयन्ती—"राजधानी में जाओ राजपुरी में महारानी बनकर रहो। राजा की प्रधान मन्त्राणी बनकर उन्हें स्वधर्म में सहायता दो यही तुम्हारा कार्य है।"

श्री—"मैं तो संन्यासिनी का धर्म जानती हूँ, वहीं तुमने सिखाया है। राजमहिषी बनकर क्या मैं किसी का हित कर सकूँगी?"

जयन्ती बोली—"कर नहीं सकती, तुमसे इस धर्म का पालन होगा या नहीं! अगर तुम्हारे वश में होता तो क्या बात इतनी दूर तक फैलती?"

यह सब मैं भी समझती हूँ। उस दिन जब मैं आँचल फहराकर मुसलमान सेना को ललकार रही थी, सम्भव था; पर आज नहीं।"

जयन्ती—"फिर क्या उपाय है?"

श्री—"भागना ही होगा! राजा को दिन-रात देखते ऐसा लगता है, मैं उनकी गृहिणी-सहधर्मिणी हूँ।

जयन्ती—"यह ठीक भी है।"

श्री—"पर मैं पुरानी बातें याद करके फिर क्यों प्रेमजाल में फँसू? मैंने पहले ही राजा से भेंट न करने को कहा था। मेरे राजा समेत बारह शत्रु हैं।

जयन्ती—"ग्यारह तो अपने शरीर में ही हैं। देखती हूँ, भारी संन्यास लिये हुए हो! अपनी चिन्ता अधिक करती हो; क्या सही संन्यास है?"

श्री—"तभी तो भागना चाहती हूँ।"

जयन्ती—"ठीक है!"

श्री—"राजा का कहना है, मेरे भागने से वे आत्महत्या कर लेंगे।

जयन्ती—"स्त्रियों को डराने के लिए पुरुष ऐसा ही कहते हैं।"

श्री—"ऐसी आशंका नहीं है क्या?"

जयन्ती—"तुम्हें क्या चिंता है? वे तुम्हारे पति हैं इसलिए? क्या यही संन्यास है तुम्हारा?

श्री—"न सही! पर राजा की मृत्यु से क्या जनहित होगा?"

जयन्ती—"राजा की मृत्यु का भय नहीं! तुम जिस प्रकार अपने मन को संयत कर सको, जो हो सके, वही करो।"

श्री—"तब यहाँ से भाग जाना ही ठीक है।"

जयन्ती—"इसी क्षण!"

श्री—"पर जाऊँ कैसे? द्वारपाल जाने देगा?"

जयन्ती—"तुम्हारा गेरुआ वस्त्र तो है ही, द्वारपाल कुछ न कहेगा।"

श्री—"सोचेगा कि तुम जा रही हो! फिर तुम कैसे जाओगी?"

जयन्ती हँसकर बोली—"मेरा यह कम सौभाग्य है कि आज मेरी भी फिक्र करने वाला कोई है! मैं न भी जा सकूँ तो उससे मेरी हानि भी क्या होगी?"

श्री—"राजा के हाथ जा पड़ोगी। क्या पता, राजा तुम पर क्रोधित हों!"

जयन्ती—"राजा मेरा क्या अनिष्ट करेंगे, क्रुद्ध होकर?"

जयन्ती पर श्री का अडिग विश्वास था। अतः श्री ने बहस न करते हुए पूछा—"अब कहाँ भेंट होगी?"

जयन्ती—"तुम समीप के गाँव में जाकर राजपुरोहित से भेंट करना। त्रिशूल मुझे दे दो, मेरा तुम ले लो! मेरी निशान लगा त्रिशूल देखते ही, तुम जो कहोगी वही करेगा। उससे कहना कि तुम्हें अत्यन्त गोपनीय स्थान पर छिपा दे। क्योंकि तुम्हारी बहुत तलाश होगी। तुम्हें वह राजपुरी में छिपा देगा। वहीं मैं तुमसे मिलूँगी।"

जयन्ती की पदधूलि ग्रहण कर श्री वनवास को चल दी। द्वारपाल ने उसे रोका नहीं।

[16]

रामचन्द्र—"कैसी बुरी बात है, लोग व्याकुल हो उठे हैं!"

श्यामचन्द्र—"यही ना बात है! अब यहाँ रहना ठीक नहीं।

रामचन्द्र—"तुम तो कब से कह रहे हो, पर जाते कहाँ हो?"

श्यामचन्द्र—"इसीलिए तो परिवार को नलडाँगा भेज दिया है। अभी लोगों से मेरा कुछ लेना बाकी है तब जाऊँगा पर लूँ भी किससे। देने वाले सब भाग गए हैं।"

रामचन्द्र—"अच्छा, कुछ नई बात सुनी है? इतना हंगामा क्यों मचा है? सुना है, बैरकों में स्थान खाली करवाकर वहाँ कैदियों को रखा जाएगा।

श्यामचन्द्र—"तुम्हें पता नहीं, वह डाकिनी भाग गई है!"

रामचन्द्र—"वह इतने मंत्र जप-तप करने से न भागी थी अब स्वयं कैसे भाग गई?"

श्यामचन्द्र—"इस नगर में एक देवी रहती हैं। सुना है, वे कभी-कभी दर्शन देती हैं। जिस दिन छोटी रानी की परीक्षा थी, उस दिन तुम नहीं थे।

रामचन्द्र—"हाँ बताओ तो वह कौन हैं।

श्यामचन्द्र—"वे क्या किसी को अपना परिचय देती हैं!"

रामचन्द्र—"लोगों की क्या धारणा है, उनके विषय में?"

श्यामचन्द्र—"कोई उन्हें राजलक्ष्मी कहता है तो कोई कहता है कि उन्हें लक्ष्मी-नारायण के मन्दिर से निकलते देखा है।

रामचन्द्र—'कुछ ऐसा ही होगा! नहीं तो भैरवी-वेश में क्यों रहतीं? सभा में तो भैरवी-वेश में ही पधारी थीं।

श्यामचन्द्र—"वे जो भी हो, हम लोगों का सौभाग्य था कि उनके दर्शन हुए! किन्तु राजा की बुद्धि क्यों भ्रष्ट हो गई?"

रामचन्द्र—"तो फिर डाकिनी गई कैसे?"

श्यामचन्द्र—"वही देवी, डाकिनी की वजह से राज्य का नाश होते देखकर एक दिन भैरवी-वेश में त्रिशूल धारण करके उसका वध करने आयी थी।

रामचन्द्र—"ऐं! फिर क्या हुआ?"

श्यामचन्द्र—"राजा का मिजाज बहुत गर्म हो गया है। बड़ी रानी और चन्द्रचूड़ उनसे मिलने गये थे, दोनों गालियाँ खाकर लौट आये।"

रामचन्द्र—"गुरु को अपशब्द कहें? वे निर्वंशी हो जाएँगे!"

श्यामचन्द्र—"उस भयानक गुस्से के समय ही उस देवी ने उनसे जाकर यह बात कही। सुनते ही राजा गुस्से से उस पर प्रहार करने लगे। फिर बाद में जो किया, वह भी भयानक है!"

रामचन्द्र—"देवी को कैद कर लिया गया है और आज्ञा दी है कि अगर तीन दिन में डाकिनी न मिली, तो देवी को नंगा करके बेंत लगवाये, जाए।"

श्यामचन्द्र—"देवताओं का चरित्र कौन जान सकता है! सुना है, रात को उस देवी के पास देवता आकर मंत्र-पाठ करते हैं।"

वास्तव में जयन्ती स्तोत्र पाठ करती है।

रामचन्द्र—"अब क्या होगा?"

श्यामचन्द्र—"आज दिन पूरे हो गए हैं? सुना है, चोर स्त्री को अपमानित करके बेंत लगवाये जाएँगे। जिसकी इच्छा हो, देखने आ सकता है।"

रामचन्द्र—"हाय, राजा की बुद्धि भ्रष्ट हो गई है! बड़ी रानी या चन्द्रचूड़ उनके पास नहीं जा सकते ?"

श्यामचन्द्र—"उनसे सबने कहा; पर राजा का कहना है देवी हैं तो अपनी रक्षा आप करेंगी! अगर मानवी है तो चोर को दंड देना राजा का काम है।"

रामचन्द्र—"यह तो गलत नहीं है! कल देखने चलोगे?"

श्यामचन्द्र—"मैं क्या, सभी जाएँगे। कौन नहीं देखेगा!"

[17]

आज जयन्ती को बेंत मारे जायेंगे, यह बात फैल गई। सुबह होते ही लोगों ने आना शुरू कर दिया। छोटी रानी की परीक्षा के दिन भी लोगों में उत्साह था, पर आज तो लोग निस्तब्ध हैं। सबके मन में कुछ अशुभ हो जाने का खटका है। आज यह नगर जंगल से बढ़कर दिखाई देता है।

मंच पर एक बलिष्ठ, भयानक डाल हाथ में बेंत लिये खड़ा था। जयन्ती को उसे नंगा करके बेंत मारने थे—यही राजा की रूपवाला चाण्डाल आज्ञा थी।

जयन्ती अभी नहीं आयी थी, क्योंकि राजा न आये थे। राजा की वेश-भूषा आज वैशाख की संध्या के समान भयानक थी। कोई भी उनके राजसिंहासन पर बैठने पर 'महाराज की जय' न बोला। तभी प्रहरीगण जयन्ती को लिये मंच पर चढ़ने लगे। जयन्ती की रूपराशि पूर्ण चन्द्र के समान थी वही अपूर्व ज्योतिर्मयी मूर्ति। जयन्ती की वही सम्पूर्ण आयत, ललित-मधुर और उज्वल ज्योतिर्मयी देह है। अनेकों ने उसे देवी जानकर प्रणाम किया। तब सभी लोग 'जय माई की! जय लक्ष्मी माई की' कहने लगे। चाण्डाल के हाथ से बेंत सरक गया। जयन्ती ने मन-ही-मन कहा चाण्ड कमाल है नगर इसी जयघोष से गूँज उठा। "हे जगन्नाथ स्वामी! ये सब तुम्हारा ही कृपा है राजा ने चाण्डाल से कहा "इसे नंगा करके बेंत लगा!"

इसी समय चन्द्रचूड़ ने आगे बढ़कर राजा का हाथ पकड़ लिया और बोले—"महाराज, इसे क्षमा कर दो मैं भिक्षा माँगता हूँ!"

राजा व्यंग्य से बोले—"क्या देवी में आत्म-रक्षा की भी शक्ति नहीं है? मैं तो चोर को उचित दण्ड दे रहा हूँ।"

चन्द्रचूड़—"देवी न सही, स्त्री तो हैं!"

राजा—"अपराधिनी स्त्री को भी दण्ड दिया जाता है।"

चन्द्रचूड़—"इस जय-ध्वनि में आपका यश डूब रहा है।"

राजा—"महाराज! जाओ अपनी पोथी-पत्रा सँभालो जाकर।"

चन्द्रचूड़ अपना-सा मुँह लेकर रह गये। राजाज्ञा से चाण्डाल ने बेंत उठा लिया। फिर जयन्ती की ओर देखकर बेंत छोड़ एक ओर खड़ा हो गया।

राजा गुस्से से बोला—"क्यों?"

चाण्डाल—"महाराज, यह पाप मैं न करूँगा।"

राजा—"तुझे सूली पर चढ़ा दिया जायेगा। इस चाण्डाल को कैद कर लो!

तभी सिपाहियों को चाण्डाल को पकड़ने के लिए देखकर जयन्ती बोली—"बेटा! तुम क्यों दुःख मोल लेते हो! मैं संन्यासिनी हूँ, मुझे बेंत लगने का दुःख नहीं है। तुम दुःखी न हो, बेत उठाओ!"

परंतु चाण्डाल बेंत न उठाया। जयन्ती ने स्वयं बेंत उठाकर अपने हाथ पर जोर से मारा और उसका हाथ लहू-लुहान हो गया। गेरुआ वस्त्र और मंच भींग गया। लोग हाहाकार कर उठे।

जयन्ती चाण्डाल से बोली— "देखा, संन्यासिनी पर चोट करने का क्या प्रभाव होता है?"

चाण्डाल ने एक बार लहु-लुहान हुए स्थान को देखा, फिर जयन्ती को। तत्पश्चात वहाँ से भाग निकला। राजा ने तब किसी मुसलमान कसाई को लाने की आज्ञा दी। कसाई जयन्ती से बोला—"कपड़े उतार! आज तेरा गोश्त बेचूँगा।" हाथ में लेकर मंच पर चढ़ा।

जयन्ती ने तब मलिन मुख से जनसमूह को देखा और बोली तुम में से जो सतीपुत्र हैं जिनकी कन्या हैं,जो ब्राह्मण है और देवताओं से भयभीत है, मैं नग्न हो रही हूँ। वे सब अपनी-अपनी आँखे बन्द कर लें। जिन्होंने वेश्या से जन्म पाया है, उनकी अपनी इच्छा वे न भी करें तो मुझे उनसे शर्म नहीं।"

लोगों ने नेत्र बन्द किये या नहीं, पर जयन्ती राजा की ओर देखकर बोली —"मैं आपकी आज्ञा से नंगी हो रही हूँ, पर आप आँखें मूंद लेना। क्योंकि राजा पञ्चवृत्ति हो गया तो प्रजा का क्या होगा! मुझ वनवासिनी को अनेक बार नंगे रहना पड़ता है। एक बार एक बाघ मुझे निगल गया था। उससे मैंने अपनी रक्षा तो कर ली थी, पर वस्त्र न बचा सकी। राजा उस समय क्रोध से अन्धे हो रहे थे। वे कसाई से बोले जबरदस्ती इसके कपड़े उतार लो!"

जयन्ती स्वयमेव कपड़े उतारने को उद्यत हुई और घुटने टेककर बैठ गई। तभी उसकी लाज-संकोच ने उसे आ घेरा। पहले तो वह वस्त्र उतारने पर लज्जा न समझती थी, पर अब वह संकोचभाव आ जाने से झुककर भगवान से प्रार्थना करने लगी—"हे भगवान! सब कुछ छोड़ा जा सकता है, पर नारी-देह पाकर ये लाज नहीं छोड़ी जा सकती। इसी से आज कातर होकर तुम्हें पुकार रही हूँ— हे जगन्नाथ! रक्षा करो।"

जब तक वह भगवान से प्रार्थना करती रही, कसाई उसका आँचल पकड़े खड़ा रहा। लोग चिल्लाने लगे—"महाराज, इस पाप से आपका राज्य पृथ्वी में समा जाएगा।"

जयन्ती खून से भरे हाथ उठाकर भगवान को पुकार रही थी। तभी भक्तवत्सल भगवान ने जयन्ती की प्रार्थना सुन ली। नन्दा स्त्रियों के दल को लिये मंच पर आ पहुँची। उन्होंने जयन्ती को घेर लिया।

महाराज बोले—"नन्दा, तुम्हारा स्थान अन्त:पुर में है।"

नन्दा—"महाराज! मैं पति-पुत्रवती हूँ। ऐसा पाप आपसे न होने दूँगी। ऐसा करने से मेरा कुछ शेष न रहेगा।"

राजा क्रुद्ध होकर बोले—"अन्त:पुर में जाओ!"

नन्दा इसका उत्तर न देकर बोली—महाराज मैं इस मंच पर खड़ी हूँ तो यह कसाई इस पर कैसे खड़ा है? क्या किसी में इसको उतारने का साहस नहीं है?" तभी कुछ लोग उसे मारते हुए घसीटकर दुर्ग के बाहर ले गये।। बहुत मार खाने के बाद उसके प्राण छूटे।

नन्दा जयन्ती से बोली—"माँ, हम पर दया करो हमारा स्थान पवित्र अन्त:पुर में है आप एक बार चलो हमारे साथ वहाँ, जयन्ती तब उनके साथ गई। जयन्ती के पाँव। वहाँ उसने गंगाजल से धोये पदधूलि ग्रहण की। जयन्ती वहाँ अधिक न ठहरी और बोली—"अब मुझे जाने दो! मैं तन-मन-वचन से आर्शीवाद देती हूँ कि तुम्हारा कल्याण हो। मुझे जरा भी क्रोध या दुःख नहीं है। राजपुरी में मुझ जैसी संन्यासिनी का रहना उचित नहीं है, अत: मैं चलती हूँ।"

[18]

राजमहल के अन्त:पुर की बातें बाहर पहुँच जाती हैं, पर ठीक ढंग से नहीं। स्त्रियाँ तो तिल से सहज ही में पहाड़ बना देती हैं। अभी देवी अन्तःपुर से बाहर निकली तो सुनने वालों ने समझा कि देवी अन्तर्ध्यान हो गई कोई देख न पाया। लोगों की धारणा थी कि वह राजलक्ष्मी थी। पर अब राजा से रुष्ट होकर राज्य का परित्याग कर चली गई हैं। दुर्भाग्य से उसी समय पता चला कि नवाबी फौज आ रही है सभी को अपनी-अपनी पड़ गई, सब नगर छोड़कर भागने लगे।

सीताराम इन बातों पर ध्यान न देकर चित्त-विश्राम में रहने लगे। वैसे तो उन्हें सब पर ही क्रोध था, पर श्री पर अधिक था। क्रोधित मन से सीताराम ने हुक्म दिया कि राज्य में जहाँ-जहाँ सुन्दरियाँ हैं, उन्हें चित्त-विश्राम में ले आओ। जो धन से आ सकीं, उन्हें धन से ले आयें जो साध्वी थीं, उन्हें बलपूर्वक ले आयें। चारों ओर हाहाकर मच गया। राह में उन्हें चाँदशाह फकीर मिले। उन्होंने पूछा—"महाराज जी, कहाँ जा रहे है?"

यह सब देखकर चन्द्रचूड़ पोटली बाँधकर तीर्थ-यात्रा को चल दिए। फिर कभी वे मुहम्मदपुर न लौटे।

चन्द्रचूड़—"काशी! आप कहाँ जा रहे हैं?"

फकीर—"मक्का।"

चन्द्रचूड़—"हज के लिए?"

फकीर—"जहाँ जिस मुल्क में हिन्दू हैं, वहाँ न रहूँगा। यह नसीहत सीताराम ने दी है।

[19]

जयन्ती प्रसन्न मन से चली जा रही थी। जयन्ती ने जगदीश्वर का साक्षात्कार करके उनसे वार्तालाप करना सीखा था। उसी परमपिता से मचलना सीखा था। आज उसी को एक हठ मान लिया। यह हठ सीताराम के लिए था। इसमें शक नहीं था कि सीताराम नष्ट होने जा रहा था। किन्तु क्या उनकी रक्षा नहीं हो सकती? जयन्ती इसी सोच में थी। अब समझी पापी का यही

दंड है कि वह भगवान को पुकारना भूल जाए। हे भगवान! कृपानिधान! सीताराम जैसे पापी का उद्धार करना ही होगा। इसलिए वह पहले श्री से मिली। श्री ने भागकर अच्छा न किया। न भी भागती तो न जाने क्या होता!

श्री से भेंट कर जयन्ती ने उसे सब कुछ बता दिया। श्री दुःखी होकर बोली—"राजा के पतन के दिन आ गए हैं! क्या इसका उपाय नहीं है?"

जयन्ती—"उपाय स्वयं भगवान हैं। वे भगवान को भूल गए हैं। जिस दिन भगवान को याद करेंगे, उस दिन फिर उन्नति करेंगे।"

श्री—"मैं जब उनके पास थी तो भगवान की चर्चा करती थी। वे बड़ी ध्यान से सुनते थे।

जयन्ती—"वे तब इसलिए सुनते थे कि तुम्हारे रूप पर मुग्ध थे। उन्होंने कभी तुम्हारी बातों से उत्साहित होकर कोई प्रश्न किया था?

श्री—"नहीं! ऐसा तो कुछ दिखाई न पड़ा।"

जयन्ती—"तब वह तुम्हारे रूप का मोह था, भगवान की चर्चा का नहीं!"

श्री—"तब क्या करना चाहिए?"

जयन्ती—"तुम कर्मबन्धन में नहीं रहती हो, संन्यासिनी जो ठहरी!"

श्री—"तुमने सिखाया ही यही है!"

जयन्ती—"मैंने क्या यही सिखाया है! यह नहीं सिखाया कि अनुष्ठेय कर्म में प्रवृत्त होकर उसके फल का त्याग कर कर्म करना ही सच्चा कर्म-त्याग है? पति-सेवा क्या तुम्हारा अनुष्ठेय कर्म नहीं है?"

श्री—"तब मुझे भागने की सलाह क्यों दी थी?"

जयन्ती—"तुमने ही तो कहा था—राजा समेत बारह शत्रु हैं। तुम्हारी इन्द्रियाँ तुम्हारे वश में नहीं है; तब तुम्हारी पतिसेवा सकाम हो जाएगी। अनासक्ति के बिना, कर्म में प्रवृत्ति से कर्मत्याग नहीं होता। इसी से भागने को कहा था। जो यह भार न उठा सके, उसे यह भार मैं नहीं देती!"

तब श्री लज्जित हुइ। बोली—"कल इसका उत्तर दूँगी।"

उस दिन तो छुट्टी हुई, पर अगले दिन जयन्ती ने फिर उससे पूछा—"मेरी बात का जवाब दो!"

श्री बोली—"फिर मेरी परीक्षा लो एक बार!"

जयन्ती—"चलो मुहम्मदपुर।"

दोनों फिर उसी ओर चल दीं

[20]

गंगाराम, रमा, श्री, जयन्ती, चन्द्रचूड़ और चाँदशाह चले गये पर सीताराम को होश न आया। केवल मृण्मय और नन्दा रह गए। नन्दा इस बार बहुत क्रुद्ध हुई, किन्तु उसका कोई सहायक न था। एकमात्र मृण्मय उसका सहायक था। अत: नन्दा ने कर्त्तव्य स्थिर करने के लिए प्रभात में मृण्मय को बुलावा भेजा। पर मृण्मय अब जीवित न थे। उसी दिन प्रात: उनकी मृत्यु हो गई थी।

प्रात: उठते ही मृण्मय ने सुना था कि मुसलमान सेना मुहम्मदपुर पर धावा बोलने आ रही है। मृण्मय के पास युद्ध की तैयारी न थी, सो उसे तो मानो साँप सूँघ गया। इस समय चन्द्रचूड़ के गुप्तचर भी न थे जो समाचार लाते। सो मृण्मय स्वयं समाचार लाने चला गया। रास्ते में मुसलमान सेना से सामना हो गया और वह लड़ता हुआ मारा गया।

मुसलमान सेना ने दुर्ग घेर लिया। जहाँ सीताराम चित्त-विश्राम में सुन्दरियों से घिरा बैठा था, वहाँ भी यह समाचार पहुँचा। सीताराम ने मन-ही-मन सोचा आज अन्त समय आ गया है। सहसा सीताराम भोगविलास को त्यागकर उठ खड़े हुए। विलासिनी स्त्रियाँ कातर होकर बोली—"महाराज! कहाँ जाते हैं, हम लोगों को छोड़कर?"

सीताराम ने पहरेदार से कहा—"इन सबको बेंत मारकर निकाल दो—"स्त्रियाँ खिलखिलाकर हँस पड़ीं। कोई 'हरिबोल' कीर्तन करने लगी। भानुमती नामक एक सुन्दरी ने राजा के सामने आकर कहा—महाराज! आज आपकी आँखें खुली हैं। सत्य ही धर्म है। हम कुल-कन्याएँ हैं। हमारी कुल-मर्यादा और धर्म का अपहरण करके आपने सोचा था कि इसका बदला आपको न मिलेगा। हममें से किसी की माँ कलप रही होगी, किसी के पिता तड़प रहे होंगे, किसी के स्वामी बिलखते होंगे, किसी का शिशु रो रहा होगा। आपने सोचा था, यह रुदन भगवान न सुनेंगे! महाराज, नगर में नहीं, वन में जाओ और अब मुख न दिखलाना; पर यह ध्यान रखना कि धर्म ही सर्वत्र है!"

राजा कुछ उत्तर न देकर शीघ्रता से घोड़े पर चढ़कर दुर्गद्वार की ओर चले। कुछ युवतियाँ पीछे दौड़ी और बोली राजा की राजधानी लूटने चले और राजा का सर्वनाश देखें! उन सबकी बातों से राजा के कान भर गए और उन्होंने मन-ही-मन स्वीकार किया कि धर्म है!

राजा ने देखा, मुसलमान सेना अभी बढ़ी ही आ रही है। अभी उसने दुर्ग नहीं घेरा है। राजा ने दुर्गद्वार बन्द कर लिया। तब राजा ने चारों ओर भ्रमण किया पर वहाँ सिपाही न थे, क्योंकि वेतन न मिलने के कारण सब भाग गये थे। बचे हुए लोग मृण्मय की मौत की बात सुनकर चुपचाप

सरक गए। इस पर भी दो-चार राजभक्त राजपूत मौजूद थे। जो नमक-हरामी करना न जानते थे। वे मुश्किल से पचास के लगभग थे। राजा ने सोचा। मैंने बहुत पाप किये हैं। अब इन लोगों के साथ प्राणों की बलि दूँगा। यही मेरा धर्म है!

राजा ने देखा, सभी सरकारी कर्मचारी अपना धन और प्राण बचाकर भाग गये हैं। सेवक भी कोई नहीं है। अन्त:पुर में भी स्वजातीय, कुटुम्बी, आत्मीय, स्वजन जो इस पुरी में रहते थे सब बहुत पहले भाग चुके हैं। यह विशाल भवन आज जंगल के समान लग रहा है। राजा के नेत्रों में जल भर आया।

रात्रा मन में जानते थे कि नन्दा महारानी कभी न जाएगी। उसके जाने का कोई ठिकाना नहीं है। वे नेत्र पोछते हुए नन्दा की खोज में चले। तभी मुसलमानों की तोपें गरजने की आवाज सुनाई देने लगी। वे नगर में आकर गढ़ घेरकर प्राचीर तोड़ने की कोशिश कर रहे थे। अन्त:पुर से महाकोलाहल सुनाई पड़ने लगा।

राजा ने अन्त:पुर में जाकर देखा नन्दा धूल में भरी पड़ी है। चारों ओर उसके पुत्र, कन्या और रमा का पुत्र बैठे रो रहे हैं। राजा को देखकर नन्दा आर्त स्वर में बोली—"यह क्या किया महाराज।

राजा बोले—"जो भाग्य में था वही हुआ! मैंने जिस प्रथम पतिघातिनी से विवाह किया था उसी माह से यह सब हुआ है।"

नन्दा—"वह कौन महाराज! श्री"

राजा—"श्री की ही बात कर रहा हूँ।"

नन्दा—"जिसको हम सब डाकिनी कहते थे, वह क्या श्री थी इतने दिन क्यों नहीं बताया। नन्दा का मुख उस मृत्युकाल में भी प्रसन्न हो उठा।

राजा—"बतलाने से क्या होता" डाकिनी हो या श्री परिणाम तो एक ही हुआ मृत्यु सामने है।

नन्दा—"महाराज, शरीर पाकर मृत्यु तो निश्चित ही है। इसका मुझे दु:ख नहीं है। किन्तु आज आप लाख योद्धाओं के बीच सेनापति होकर युद्ध करते और मैं आपकी अनुगामिनी होती। ऐसा क्यों न हुआ?

राजा—"मेरे पास आज लाख तो क्या, सौ योद्वा भी नहीं है फिर भी मैं युद्ध में मारूँगा। मैं अभी फाटक दालकर मुसलमान सेना के बीच अकेला धँस जाऊँगा। तुमसे यही कहने और शस्त्र लेने आया हूँ"

नन्दा की आँखों से आँसू की धारा बह निकली। उसे पोंछकर वह बोली—"महाराज! मैं अगर क्षत्रिय-धर्म से आपको हटाऊँ तो आपकी दासी होने योग्य नहीं हूँ। आपको चेतना आ

गयी है यही मेरा सौभाग्य है! कितना अच्छा होता अगर दो दिन पहले आप सचेत हो गए होते! आप अपनी बलि देंगे महाराज! मैं आपका अनुगमन करूँगी। पर सोचती हूँ फिर इन अबोध बच्चों का क्या होगा अगर ये मुसलमानों के हाथ पड़ गए! इतना कहकर नन्दा जी भरकर रोयी।

राजा—"इसीलिए तुम्हारा मरना ठीक नहीं। तुम्हें इनके लिए जीवित रहना होगा!"

नन्दा—"मेरे रहने पर भी इनकी रक्षा कैसे होगी।"

राजा—"इतने लोग भागे तुम क्यों न भागीं?"

नन्दा—"मेरे न रहने पर इनकी रक्षा कैसे होगी?"

राजा—"तुम भाग जाती तो इनकी रक्षा हो जाती।"

नन्दा—"आपकी रानी होकर मैं किसके साथ भागती? आपके पुत्र, कन्या मैं आपको न सौंपकर किसे सौंपती? पुत्र या कन्या सभी के लिए धर्म है मेरे तो धर्म आप ही हैं। मैं आपको छोड़कर पुत्र, कन्या को लेकर कहाँ जाती?"

राजा—"पर अब क्या उपाय है?"

नन्दा—"अब कोई उपाय नहीं! अनाथ जानकर यदि मुसलमान दया करें; नहीं तो भगवान को जो स्वीकार होगा वही होगा महाराज! राजा के वीर्य से इनका जन्म हुआा है। राजकुल पर सुख-दुःख आते ही रहते हैं। इसके लिए मुझे उनकी वैसी चिन्ता नहीं है। पीछे कोई आपको कायर कहे मुझसे यह सहन न होगा!"

राजा—"तब विधाता जो करेंगे, वही होगा! इस जन्म में यह मेरा अन्तिम मिलन है?"

फिर राजा बिना कुछ कहे युद्ध के लिए तैयार होने लगे। नन्दा भी उनके पीछे बालक-बालिकाओं को लेकर शस्त्रगार में चली गई। राजा अपने-आपको रण-सज्जा से विभूषित करने लगे। नन्दा उन्हें निहारती रहीं।

योद्धा का वेश धारण करके, सर्वांग में अस्त्र-शस्त्र बाँधकर सीताराम एक बार फिर राजा-समान सुशोभित होने लगे। वे तब वीर-दर्प में, मृत्यु की कामना से अकेले दुर्गद्वार की ओर झपटे। नन्दा फिर मिट्टी में लोटकर रोने लगी। दुर्गद्वार की ओर जाते हुए उन्होंने देखा कि जिस मंच पर उन्होंने जयन्ती को बेंत लगवाने के लिए खड़ा किया था, वहाँ उसी वेदी पर दो मूर्तियाँ बैठी हैं। यह देख युद्ध करने वाले योद्धा के दिल में भी भय उत्पन्न हुआ। जल्दी से निकट आकर देखा, त्रिशूल हाथ में लिये, गैरिक, वस्त्र रुद्राक्ष और भस्म रमाएँ जयन्ती बैठी है पास ही श्री बैठी हुई है।

राजा उनको ऐसे समय में देखकर सहम गए और बोले—"तुम दोनों इस विपत्ति-काल में यहाँ आकर क्यों बैठी हो? क्या अभी तुम्हारा मनोरथ सिद्ध नहीं हुआ?"

जयन्ती कुछ हँसी। राजा ने देखा, श्री भी गद्गद कंठ और सजल नयन है, कुछ कहने की चाहत करते हुए भी कह नहीं पाती। राजा उसको देखते रहे, पर बोले नहीं। कुछ देर बाद राजा बोले—"श्री, तुम्हारा मनोरथ सफल हुआ। तुम्ही मेरी मृत्यु का कारण हो! तुमको प्रिय-प्राणहन्त्री मानकर पहले त्यागकर मैंने अच्छा किया था। अब क्यों आयी हो।"

श्री—"मेरा इस समय जो कर्म है उसे करने आयी हूँ। आज मैं आपके साथ मरने आयी हूँ।"

राजा—"क्या संन्यासिनी भी किसी के साथ मरती है?"

श्री—"संन्यासिनी हो या गृहस्थ, मरने का अधिकार सबको समान है।"

राजा—"संन्यासिनी को कर्म का बन्धन नहीं होता। तुमने कर्म का तो त्याग कर दिया है, फिर तुम क्यों मरोगी मेरे साथ? नन्दा जाएगी मेरे साथ! वह उपस्थित भी है। तुम अपने संन्यास-धर्म का पालन करो!"

श्री—"महाराज! आज तक आपने मुझ पर क्रोध नहीं किया तब आज भी न करें! मैंने आपके प्रति जो अपराध किया है—उसे आपके और अपने आसन्न मृत्युकाल में समझ पायी हूँ। आपके इन चरणों का स्पर्श करके कहती हूँ कि अब मैं संन्यासिनी नहीं हूँ। मेरा अपराध क्षमा कर मुझे पुन: ग्रहण करें!"

सीताराम—"तुम्हें तो बड़े आदर से ग्रहण किया था; पर अब तो समय नहीं है।"

श्री—"समय है! मरने के लिए यथेष्ठ समय है।"

सीताराम—"तब तुम मेरी महिषी हो। चलो!"

जयन्ती बोली—"मैं भिखारिन हूँ, मेरा आशीर्वाद लो! मैं आशीर्वाद देती हूँ कि तुम आज से अनन्त काल तक विजयी रहो।

राजा—"माँ, मैंने तुम्हारे विरुद्ध जो गुरुतर अपराध किया है, तभी तुम मुझे आज देखने आयी हो। अपनी दुर्भावना को मन में स्थान नहीं देना। तुम्हारे आशीर्वाद से मुझे यकीन हो गया है कि तुम सचमुच देवी हो! अब कहो, क्या प्रायश्चित करूँ? कहो तो मुसलमानों की तोप के आगे प्राण दे दूँ—ताकि तुम किसी तरह खुश हो जाओ!"

जयन्ती—"एक दिन तुमने अकेले दुर्ग की रक्षा की थी।"

राजा—"जल और थल की लड़ाई में अन्तर है। पृथ्वी पर ऐसा कोई मनुष्य नहीं जो अकेला लड़ सके।"

जयन्ती—"तुम्हारे पास तो अभी पचास सिपाही हैं।"

राजा—"यह शोर सुन रही हो? इस विशाल सेना का सामना हम कैसे करेंगे? मैं यहाँ अपनी आहुति दे सकता हूँ, पर इन निर्दोष व्यक्तियों की बलि क्यों दिलाऊँ? रण में इन्हे ले जाकर मृत्यु के सिवा और क्या हाथ लगेगा!"

श्री—"महाराज और नन्दा मरने को तैयार हैं। किन्तु नन्दा के पुत्र-कन्याएँ हैं, उनकी रक्षा का कुछ उपाय किया है?"

सीताराम रो पड़े और बोले—"अब तो एकदम निरुपाय हूँ, उपाय कैसे करूँ!"

जयन्ती बोली—"महाराज! निरुपाय का एक ही उपाय है उसे आप जानते नहीं। भगवान का स्मरण कीजिए!"

सीताराम का सिर झुक गया। आज बहुत दिनों बाद उस परमपिता परमेश्वर की याद आयी थी। वे मन-ही-मन भगवान को याद कर कहने लगे—"हे भगवान, पापी समझकर मेरा उद्धार करो!"

सीताराम को ध्यान-मग्न होते रेखकर जयन्ती ने श्री को संकेत किया। वह भी घुटने टेकरकर बैठ गई और गीत के रूप में भगवान की स्तुति करने लगी।

दुर्ग के बाहर विशाल मुसलमान सेना द्वारा प्राचीर तोड़ने का कोलाहल सुनाई दे रहा था। उस कोलाहल की प्रतिध्वनि के अतिरिक्त वातावरण शान्त था; केवल साक्षात् ज्ञान-भक्ति की मूर्ति जयन्ती और श्री की समस्वर कंठ-साधना से गूंजती महागीतिका आकाश को छेदती हुई, सीताराम के शरीर को रोमांचित और पुलकित करने लगी।

सीताराम मन्त्रमुग्ध-से होकर उन्हें सुनने लगे और सिर पर आया दुःख भूल गए। जयन्ती और श्री आकाश हिला देने वाली आवाज में हरिनाम पुकारने लगीं।

एकाएक दुर्ग में कोलाहाल मच गया। लोग 'महाराज की जय हो' का नारा लगा रहे थे।

[21]

दुर्ग में जो थोड़े सिपाही राजपूत रह गए थे, वे नितांत प्रभु-भक्त और ब्राह्मण-राजपूत होने के कारण भागे न थे। चुने-चुने लोग थे। इस समय वे लोग बड़े नाराज होकर भड़क उठे। इधर मुसलमान सेना बढ़ती आ रही थी, तब भी उन्हें तैयार होने को न कहा गया। स्वयं आकर चले गये। वे लोग केवल प्राणों की पड़े हैं, किसी इनाम की इच्छा से नहीं। कोई उन्हें प्राण देने को कहता भी तो नहीं! इसी कारण वे बड़े नाराज थे। की बलि देने को राजा उन लोगों ने सभा की। उनमें रघुवर मिश्र और उच्च नायक थे। वे बोले—"भाइयों! जब मुसलमान हमें घर के भीतर

घुसकर ठोकर मारेंगे, तब क्या अच्छा होगा? मरना है तो माँ की तरह मरें! कोई हुक्म नहीं देता तो न दें। चलो, हम डटकर युद्ध करें। पर करें तो कैसे! हमारे पास गोलन्दाज नहीं है। हम युद्ध के दाँव-पेच भी नहीं जानते, जब कि हम संख्या में भी कम हैं। हमें किस प्रकार लड़ना चाहिए?

इस बार दुर्मदसिंह जमादार बोला—"इसमें सोचने की जरूत नहीं है। सशस्त्र होकर राजा के पास चलकर हुक्म लो। जैसा महाराज कहेंगे, वैसा ही हम करेंगे।"

[22]

योद्धा-गण जय-घोष करते हुए पंक्तिबद्ध हो मंच के ऊपर से जहाँ सीताराम, जयन्ती और श्री का महागीत सुन रहे थे, वहीं जा पहुँचे।

रघुबर मिश्र ने पूछा—"महाराज की क्या आज्ञा है? आज्ञा मिलते ही हम आग में कूद जाएँगे।"

सीताराम बोले—"तुम लोग कुछ क्षण ठहरो, मैं अभी आता हूँ।"

यह कहकर वे अंत:पुर में चले गये। कुछ क्षण बाद पालिका लेकर बाहर निकले, जिसे दो-चार पुराने सेवकों ने उठा रखा था। पालकी में नन्दा और उनके बालक-बालिकाएँ बैठी थीं।

राजा ने सिपाहियों के पास आकर उन्हें पंक्तिबद्ध करके प्राचीन युद्धकला के समान एक अति क्षुद्र व्यूह रचना की। उसके बीचो-बीच में नन्दा की पालकी रखकर श्री जयन्ती से बोले—"तुम दोनों व्यूह में आ जाओ!"

जयन्ती हँसकर बोली—"हम दोनों संन्यासिनी हैं, मृत्यु और जीवन में भेद नहीं समझतीं।

तब सीताराम और कुछ न कहकर 'जय जगदीश्वर' कहते हुए द्वार की ओर बढ़ने लगे। वह क्षुद्र सूचीव्यूह उनके पीछे-पीछे चला। दोनों संन्यासिनियाँ सहसा उनके घोड़े के सामने आकर, त्रिशूल हाथ में ऊँचा उठाकार रणगीत गाने लगीं। इस प्रकार रणगीत गाती हुई वे आगे-आगे चलने लगीं।

राजा हैरानी से बोले—"ये क्या? सबसे पहले तुम्हीं प्राण दोगी?"

श्री बोली—"महाराज! राजाओं की अपेक्षा संन्यासिनियों को मरने में क्या अधिक डर है?"

जयन्ती चुप रहीं। जयन्ती को अब अभिमान नहीं रहा। राजा भी कुछ न बोले।

दुर्ग-द्वार पर पहुँचकर राजा ने अपने हाथ से उसका ताला खोल दिया। लोहे की भारी साँकलें झंकार कर उठीं। सिंहद्वार गगनचुम्बी गुम्बज के अन्दर प्रतिध्वनित हो उठा।। घोड़ों की टापों और यवनों की तोपों की मार से भी न खुलने वाले, लोहे से बने विशाल कपाट अपने-आप खुल गए। द्वार-पथ खुला देखकर सूचीव्यूह के घोड़े नाचने लगे।

इधर द्वार खुलते ही मुसलमान सेना बड़े वेग से द्वार की ओर झपटी। किन्तु जयन्ती और श्री को आगे देखकर समस्त सेना मन्त्रमुग्ध-सी होकर शान्त हो गई। विश्वमोहिनी देवी-मूर्तियों जैसा ही अद्भुत वेश, अश्रुतपूर्व साहस और उनका प्रत्येक मनुष्य के लिए मनोमुग्धकारी वह जयगीत अपूर्व था। हर कोई उन्हें साक्षात् नगर-रक्षिणी दुर्गा समझकर डर से रास्ता छोड़ने लगा। ये दोनों त्रिशूल द्वारा मार्ग साफ करती हुई आगे-आगे चल रही थीं। पीछे त्रिशूल द्वारा प्रशस्त पथ पर सीताराम की सूचीव्यूह सैन्य आनयास ही मुसलमान सेना को चीरता हुआ आगे बढ़ने लगा। सीताराम प्रफुल्ल-बदन, निर्भय और अदम्य साहस से भरपूर थे। वे भैरवियों का हरिनाम सुनते हुए हरिनाम को स्मरण करते हुए सब जगह विजय पा रहे थे। अब उनको सामने खड़ी यवन सेना का कुछ भय नहीं था।

उनकी शौर्यमयी किन्तु मुट्ठी भर ओजस्वी सेना देखकर मुसलमान सेना 'मारो-मारो' चिल्लाने लगी। पर भैरवियों से कोई कुछ न बोला—सब किनारे हट गए। वे सीताराम और उसके सिपाहियों पर प्रहार करने लगे। किन्तु सीताराम की आज्ञानुसार किसी ने युद्ध न किया, चुपचाप चलते रहे। उनमें राजन होकर गिर जाते, उनका स्थान दूसरे ले लेते थे। धीरे-धीरे सूचीव्यूह मुसलमान सेना को चीरता हुआ आगे बढ़ गया था। आगे श्री और जयन्ती मार्ग बनाती हुई चल रही थीं। सिपाहियों पर आक्रमण असह्य था। फिर भी वे सीताराम के अपूर्व साहस और प्रोत्साहन के भरोसे आगे बढ़ रहे थे। वे लोग बिना इधर-उधर देखे आगे बढ़ते रहे।

यह देखकर मुसलमान सेनापति ने सीताराम का मार्ग रोकने के लिए एक तोप सूचीव्यूह के सामने भेज दी। मुसलमानों की तोपें दुर्ग को तोड़ने के लिए उसके चारों और लगी थीं, इसलिए तोप लाने में देर हो गई।

राजा को रानी समेत भागते देखकर एक तोप उनके सूचीव्यूह के सामने लायी गई। सेनापति स्वयं उस ओर न गया, क्योंकि द्वार खुला देखकर सारी सेना उसी ओर लपकी, किला लूटने के लिए। उसे भय था कि कहीं सैनिक लूट का माल गायब न कर दें। सूचीव्यूह के सामने तोप आती देखकर सीताराम को भारी विपदा की आशंका हुई, पर श्री ने उसे विपदा न माना। श्री और जयन्ती तेज कदमों से आगे पहुँचीं। श्री ने जयन्ती की ओर हँसकर देखा और तोप के मुँह पर अपना वक्ष सटाकर चारों ओर मन्द, मृदु, प्रफुल्ल, जयसूचक हास्य से देखा। जयन्ती ने श्री की ओर देखा, फिर गोलन्दाज के मुख की ओर देखकर हँस पड़ी। उसके मुख का भाव ऐसा था, मानो तोप जीत ली हो। यह सब देखकर गोलन्दाज पलीता फेंक विनीत भाव से दूर जा खड़ा हुआ। इसी समय सीताराम झपटकर आ गए और तलवार खींच ली।

जयन्ती चीख पड़ी—"क्या करते हैं, महाराज! ठहरिए। शत्रु पर दया कीजिए!

'शत्रु पर दया कैसी'—यह कहकर सीताराम ने तलवार से गोलन्दाज का सिर उड़ा दिया। तोप पर उनका अधिकार हो गया। अब सीताराम के हाथों ने प्रलय मचा दी यवन सेना में भगदड़ मच गई। सूचीव्यूह का मार्ग साफ हो गया। सीताराम अपनी रानी नन्दा, पुत्रों, कन्याओं और बचे-खुचे सिपाहियों सहित निरापद स्थान पर पहुँचे। मुसलमान दुर्ग लूटने लगे।

इसी प्रकार सीताराम के 'रामराज्य' का अन्त हुआ।

[23]

शाम के बाद श्री ने जयन्ती को एकान्त में पाकर पूछा—"जयन्ती! वह गोलन्दाज कौन था?"

जयन्ती—"जिसको महाराज ने मार डाला था?"

श्री—"हाँ! मारते समय तुमने राजा को मना क्यों किया था?"

जयन्ती—"संन्यासिनी! यह जानकर क्या करोगी?"

श्री—"कुछ और न सही, दो आँसू ही गिरा लूँगी। इससे तो संन्यास-धर्म भ्रष्ट नहीं हो सकता!"

जयन्ती—"आँखों से आँसू भी क्यों बहाओगी?"

श्री—"मैं उसे पहचान तो न सकी, किन्तु तुम्हारे मना करने के बाद भी मैंने उसका शव देखा था। वह कोई भी हो, उसकी मृत्यु का कारण मैं ही हूँ! अगर मैं तोप के मुँह के आगे सटकर न खड़ी होती तो वह तोप जरूर दाग देता। तब महाराज की मृत्यु हो जाती, पर गोलन्दाज बच जाता।

जयन्ती—"वह मर गया और महाराज बच गए यह तुम्हारी इच्छा के अनुसार ही हुआ है। फजूल बातें सोचने से क्या लाभ है!"

श्री—"तब भी मन का शक तो दूर होना ही चाहिए!"

जयन्ती—"सन्यासी को इतनी उत्कण्ठा शोभा नहीं देती।"

श्री—"कोई कितना बड़ा सन्यासी क्यों न हो, रहेगा तो मनुष्य ही! मैं तुम्हें देवी समान मानती हूँ, पर लोकलज्जा से अभिभूत होकर तुम भी विशाल जनसमूह के सामने निर्वस्त्र न हो सकी थीं। आज मुझसे संन्यास नष्ट होने की बात क्यों कहती हो?"

जयन्ती—"तब चलो, तुम्हारा शक मिटा दूँ! मैं उस पर एक निशान लगा आयी हूँ। रात होने पर भी प्रकाश में वह स्थान मिल जाएगा।"

यह कहकर दोनों पतावर की मशाल जलाकर सूने रणक्षेत्र की ओर चल पड़ीं। ठीक स्थान पर पहुँचने पर गोलन्दाज का मृत शरीर मिल गया। तब जयन्ती ने शव के पके हुए केश खींच लिये। अलग से लगे केश खिच आये और बनावटी मूँछें भी उखड़ गई। तब श्री को विश्वास हो गया कि यह गंगाराम ही है!

श्री के नेत्रों से आँसू की बाढ़ बह निकली।

जयन्ती बोली—"बहिन! शोक से व्याकुल होना संन्यासी को शोभा नहीं देता यह उसके धर्म के विरुद्ध है।"

श्री बोली—"महाराज ने व्यर्थ ही मेरी भर्त्सना की थी। मैं उनकी प्राण लेने वाली सिद्ध न हुई, मैं तो अपने सहोदर की घातिनी हुई। विधि का विधान आज रंग लाया!"

जयन्ती—"विधाता कब, किसके द्वारा, किसे दण्ड देते हैं कहा नहीं जा सकता। गंगाराम को दो बार तुमने प्राण-दान दिलवाया। आज तुम्हारे द्वारा उसके प्राण चले गए। जो भी हो, गंगाराम बड़ा पापी था! उसने बहुत पाप किये थे। वह रमा यानी छोटी रानी की मृत्यु के बारे में न जानता था। अत: छद्मवेश में उसको पाने के लिए वह मुसलमान सेना का गोलन्दाज बनकर आया था। मुझे इस बात में जरा भी शक नहीं। क्योंकि उसे पहचान लेने पर रमा कभी भी उसके साथ न जाती। पालकी में रमा है। यही समझकर उसने तोप से मार्ग रोका था। जो भी हो, अब शोक करने से कुछ लाभ नहीं है। चलो, इसका दाहसंस्कार कर दें?"

तब दोनों ने गंगाराम के शव को ठीक स्थान पर ले जाकर उसका अन्तिम संस्कार किया। उसी रात में वे दोनों अँधेरे में कहाँ खो गईं कोई जान नहीं सका। उसके बाद फिर जयन्ती और श्री ने राजा सीताराम से भेंट न की और हमेशा के लिए अंतर्धान हो गई।

www.ingramcontent.com/pod-product-compliance
Lightning Source LLC
LaVergne TN
LVHW040821051026
849519LV00007BA/2691
* 9 7 8 9 3 6 7 9 3 9 4 5 1 *